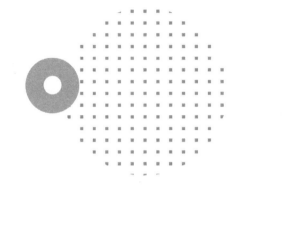

刘|哲|作|品

认罪认罚50讲

刘 哲 著

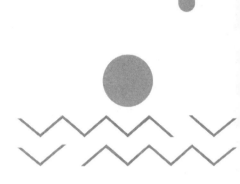

清华大学出版社
北京

图书在版编目（CIP）数据

认罪认罚 50 讲 / 刘哲著 . —北京：清华大学出版社，2021.6 （2022.10重印）
（刘哲作品）
ISBN 978-7-302-58305-9

Ⅰ.①认…　Ⅱ.①刘…　Ⅲ.①刑事诉讼－司法制度－中国－教材　Ⅳ.① D925.210.4

中国版本图书馆 CIP 数据核字 (2021) 第 103008 号

责任编辑：刘　晶
封面设计：徐　超
版式设计：方加青
责任校对：土荣静
责任印制：杨　艳

出版发行：清华大学出版社
　　　　　　网　　　址：http://www.tup.com.cn，http://www.wqbook.com
　　　　　　地　　　址：北京清华大学学研大厦 A 座　邮　　编：100084
　　　　　　社 总 机：010–83470000　　邮　　购：010-62786544
　　　　　　投稿与读者服务：010-62776969，c-service@tup.tsinghua.edu.cn
　　　　　　质 量 反 馈：010-62772015，zhiliang@tup.tsinghua.edu.cn
印 装 者：三河市东方印刷有限公司
经　　销：全国新华书店
开　　本：170mm×240mm　　**印　张：**15　　**字　数：**246 千字
版　　次：2021 年 7 月第 1 版　　**印　次：**2022 年 10 月第 3 次印刷
定　　价：72.00 元

产品编号：093391-01

作者简介

刘哲，北京市人民检察院首批入额检察官。

自认罪认罚从宽制度试点以来，作者一直参与该制度的推进、指导和政策研究工作，参与设计的《捕诉一体和认罪认罚版审查报告模板》被最高人民检察院推广，设计的单位犯罪认罪认罚实务考题，被第七届全国十佳公诉人业务竞赛吸纳为认罪认罚环节的考题之一。

受邀在全国检察机关第十一期优秀公诉人高级研修班，全军检察机关公诉工作会议暨新修改《刑诉法》培训班，河北、山西等省级检察机关，中国人民大学、中国政法大学等高校围绕认罪认罚相关内容授课。

著有：《检察再出发》《你办的不是案子，而是别人的人生》《法治无禁区》《司法观》《法律职业的选择》《司法的长期主义》《司法的趋势》。

序　言

认罪认罚需要效率与公正的双循环

不管是否愿意承认和接受，认罪认罚对中国司法制度都在产生着深远的影响。

虽然刑事诉讼法中涉及的认罪认罚条文并不多，但它作为一项基本原则，伴随着检察机关的有力推动，已经得到普遍适用。本书截稿时，全国的认罪认罚适用率已经达到 85%，更不要说经过努力而最终没有成功适用的案件，几乎所有的案件都在尝试适用这项制度。所以无论从深度还是广度来看，认罪认罚都是几十年来推进得最为深远的一项诉讼制度。

这项制度从速裁程序开始，是第一个以立法试点的方式进行的一项改革，这和以往在法律框架之外进行"先行先试"有着本质的不同，在推进之初就严格地确保其在法律框架下进行。从 2014 年的"速裁程序试点"，到 2016 年的"认罪认罚试点"，再到 2018 年的纳入立法，到如今已经有七个年头。可以说其经历了相当长时间的立法试验，在最高权力机关的授权下，司法体系进行了极为审慎的推动，这也开辟了中国司法改革制度的先河。

立法机关的审慎态度，自然是因为这项制度关系重大，涉及当事人的切身权利，涉及对刑事诉讼制度格局的一些微调。认罪认罚的本质是以放弃审判程序的完整性为代价来获取从宽待遇，这看似与庭审实质化的要求相悖，但确是庭审实质化的务实解决路径。因为显然，案件不可能不分轻重难易进行同样化处理，这样既不现实，也不公正。长久以来，我们的庭审实质化不彰，就是因为繁案不繁，简案不简，不管案件大小出庭一律半天，看起来公平，实质上不公平；看起来都一视同仁地庭审实质化，其实根本没有体现庭审实质化的精髓，而且也违背了诉讼经济的基本原则。没有根据案件的难度系数和复杂程度配置相应的司法资源，这反而不利于司法效益的最大化。

我们不得不承认，司法资源是有限的，必须让资源花在刀刃上。慢是建立在快的基础之上的，这是法治成本的辩证法，也是基本的司法规律。认罪认罚制度就是按照司法规律办事的产物，是承认司法资源的有限性、案件难度的差异性、司法资源应该按照案件难易程度进行优化配置的理性司法进路。

正因此，认罪认罚制度，包括作为其重要组成部分的速裁程序，都采取了一系列的程序简化措施，当然这种简化也必然要给予嫌疑人、被告人以从宽的制度性激励才能保证制度拥有内生性的动力，从而可以长期稳定运行。

但是在程序简化的过程中，又要特别地保证嫌疑人的自愿性，从而避免制度的错误适用，这个自愿性也通过法律帮助、具结书、自愿性审核等一系列机制作为保障。当然，最为重要的还是嫌疑人的选择权，也就是可以随时切换到普通程序进行充分审理的权利。而这种充分审理一定是以审判为中心的，是庭审实质化的，如果嫌疑人是违心地认罪，是被冤枉的，一定要能够审得出来。所以认罪认罚是以庭审实质化为后盾的，如果申请普通程序只能被适用更严重的刑罚，而不能审出案件的真正问题，那嫌疑人就没有真正的选择权。

所以认罪认罚与以审判为中心的诉讼制度改革是相辅相成、互为表里的。认罪认罚为庭审实质化争取到了时间，让简单案件更快处理，就意味着给复杂疑难案件争取到了时间；而庭审实质化的有效展开，又能够让嫌疑人心中有选择的自信，在这种自信的驱使下，能够保障认罪认罚的真实性和自愿性，进而形成一种良性循环。

但是如果认罪认罚争取到的时间，没有被好好利用，比如：应该实质化的庭审依然没有得到实质化的对待；将精力耗费在简单案件的量刑话语权分配上，而不是落实《刑事诉讼法》第 201 条的"量刑建议一般应当采纳"的原则；尤其是尽量想办法不采纳量刑建议，最后的结果就是大家都很累。检察官耗费了大量时间完成认罪认罚，提出确定刑的量刑建议，但是法官同样耗费大量时间找理由不想采纳量刑建议。那样的话，不但认罪认罚节约时间、提高效率的目标没有实现，而且庭审实质化所要求的繁案精办细办的原则也无法得到体现，在复杂疑难案件中发现问题，实现以审判为中心的效果也没有体现出来。近二十年来无罪判决数量的持续下降就是证明。

认罪认罚是一个双循环：一方面是诉讼成本效率的循环，这个通过以检察机关为主导的持续投入，某种意义上基本实现了；另一方面是公正的循环，就是利用节约出来的司法资源做更多的事，主要就是在庭审实质化上做更多的事，这还没有完全实现，主要是因为以审判为中心的中心点对这个问题还没有充分的重视。

认罪认罚在发展过程中遇到了许许多多的问题，根本的还是这个双循环只走了一个循环。我们经常批评的律师参与实质化程度不高，认罪认罚质量存在隐忧等现象，从表面看是认罪认罚推广过程不规范、不完善造成的，究其本质还是庭审实质化是否过硬，案件的问题在普通程序的审理中能否得到充分重视的问题。

如果在普通程序中案件的问题也得不到重视，那谁还会对所谓的充分审理感兴趣呢？比如证人出庭在普通程序也实现不了的话，那又与简易程序有什么差别呢？如果在一些复杂案件中法官的判决往往比检察官提出的量刑建议还重的话，那谁还敢在法庭上多说什么呢？如果多说什么都不敢，那还何谈以审判为中心？如果庭审本身都对实质化不感兴趣，认为这是多此一举，连量刑多少、是否适用缓刑都要经过内请确定，那为此多留出的时间，又有多大意义呢？

认罪认罚本质上不是利益调整，而是格局调整，是制度性安排，不以任何个人和单位的意愿为转移，因为它的目标不仅在于当下，还在于将来对司法制度而言，这是一次历史性的调整。

所有看起来不变的制度，在认罪认罚背景下都有了新的样貌，无论是办案模式的、职权定位的、司法关系的，还是诉讼程序的，都在发生真实的变革，不仅仅是法律文本的调整，还是经由真实的司法实践发生的真实变化，从而必将影响司法观念、法治观念，进而影响法律文化。

可以说，认罪认罚已经成为刑事案件的从业者绕不开的一堂必修课，无论你在其中的期许是什么，你都不可能回避它。

而我的期待就是效率与公正的双循环，这也是贯穿本书的主题。

刘哲

2021 年 6 月 14 日于西直门

目　录

第一章

基本问题

认罪认罚与从宽

很多人以为我只说"认罪认罚",好像没说全,少了两个字——"从宽"。

认罪认罚的,可以依法从宽处罚,这是《刑事诉讼法》总则规定的。

在《刑事诉讼法》的"审判"这一编中,认罪认罚首先出现在"第一审程序"中的"公诉案件"这一节。其中规定了被告人认罪认罚的,审判长应当告知被告人相应的诉讼权利和法律规定,审查具结书的真实性和合法性。对于认罪认罚案件,法院一般要采纳检察院指控的罪名和量刑建议。

这些都意味着认罪认罚是一个原则性的规定,而不是一个特定的程序。刑诉法只对其中最轻微的案件适用的速裁程序予以特殊规定,但认罪认罚从整体上讲并不是一个特殊程序,它只是一个特殊性的规定。

所以,原来有些"适用'认罪认罚程序'审理"的说法是不严谨的,因为根本就没有所谓的"认罪认罚程序",刑诉法中规定的诉讼程序有速裁程序、简易程序、强制医疗程序,就是没有认罪认罚程序。

如前所述,认罪认罚不是一个程序,而是一项原则。

也就是说,认罪认罚就没有特定的范围限制,它适用于所有案件。当然,适用的前提是真诚的认罪认罚,而且案件事实是清楚的。

对此,最高人民检察院联合最高人民法院、公安部、国家安全部、司法部共同发布的《关于适用认罪认罚从宽制度的指导意见》(以下简称《两高三部指导意见》)又进一步予以重申:认罪认罚从宽制度贯穿刑事诉讼全过程,适用于侦查、起诉、审判各个阶段。认罪认罚从宽制度没有适用罪名和可能判处刑罚的限定,所有刑事案件都可以适用,不能因罪轻、罪重或者罪名特殊等原因剥夺犯罪嫌疑人、被告人自愿认罪认罚获得从宽处理的机会。但"可以适用"不是"一律适用"，犯罪嫌疑人、被告人认罪认罚后是否从宽，由司法机关根据案件具体情况决定。

这个"可以适用"不是"一律适用"的内容，并不是指认罪认罚程序，因为正如前文所说，认罪认罚并没有特定的程序，它指的是后面这半句话：是否从宽要由司法机关根据案件具体情况决定。其本质的意思就是虽然认罪认罚，但不是一概从宽。

这也是本文所要表达的意思，认罪认罚与从宽之间没有必然的联系，因此也就没有必要时时刻刻连在一起。

认罪认罚案件中的大多数被告人确实很有可能得到从宽处理，但这个从宽仍然不是绝对的，因此它们之间不是不能分开的。

分开了反而更不容易理解，就像自首、立功制度一样，虽然没有"自首从宽制度"或者"立功从宽制度"，但我们都知道绝大多数情形下，自首和立功都可能获得从宽处理。即便如此，也并不意味着从宽是必然的，从宽只是一种或然性，目的是鼓励犯罪的人将自身交付给司法机关，主动交代司法机关尚未掌握的犯罪事实，或者检举揭发其他犯罪，在这个意义上说，从宽是一种鼓励。

从宽是对所有此类制度在结果上的鼓励，是一种提高司法效率、降低司法成本的激励机制。这种机制也包括坦白制度，但是都没有必要在"制度"前加上"从宽"二字，因为这两个词之间并不具有必然性的联系，不能够体现这些制度的本质属性。

认罪认罚也一样。认罪很简单，原来法律就有规定，现在无非就是多了一个认罚，比认罪多了一步。这样，在从宽的鼓励程度上，肯定也应该比仅仅认罪更进一步。但从宽仍然是一种或然性，这一点与自首、立功并没有什么本质的不同，因此加上"从宽"二字既显得多余，又给人一种错觉，好像认罪认罚就只能从宽，或者只要认罪认罚就必须从宽。

有的人还会反过来认为：既然做不到必须从宽，那就不要适用认罪认罚。

这其中包含了循环逻辑。由于认罪认罚不是一个特殊性的程序，不存在"适用"一说。人家认罪认罚了，就是认罪认罚了，不管你适用不适用，他都是认罪认罚。这个你是改变不了的。

就像自首、立功一样，没人会说我适用了自首、立功程序，因为"自首、立功"就不是一个程序，而是情节。

认罪认罚也是情节：认罪是一种态度、状态吧，认罚不也是一种态度吗，这两个放在一起不还是"情节"吗？

你唯一能做的就是判定：他是不是真地认罪，真地认罚。这也并不复杂，只要通过追问确认态度，通过其对犯罪事实的供述予以检验便是了。再有就是看他退赔退赃有没有落实到位。

如果这些都通过了，那他就是认罪认罚，不管是否从宽都不能否定这个情节。

而且有的时候，即使检察官提出了极刑的量刑建议，被告人也还是接受，因为他并不是一定要追求从宽的结果，他只是想表明自己不是天生的坏人，自己还有尚未泯灭的良知而已。对此，又怎么能用是否从宽来衡量他是否真地认罪认罚呢？

而即使你否定了，这个否定的意义又是什么呢？这实际上是在用从宽来绑架认罪认罚。

同时，这也是对认罪认罚制度的一种误解，由于长期的宣传都在讲认罪认罚从宽，我们就误以为，或者习惯上认为认罪认罚就应该从宽，一旦适用就会让公众误以为这就要导致从宽了，从而不可轻易适用。

这主要体现在一些敏感案件中，为了追求死刑的判决，就不搞认罪认罚，害怕搞了认罪认罚被告人可能就判不了死刑了，让公众误以为我们在重大恶性案件中要手下留情了，所以不敢适用。还有一些特定类型的案件，刑事政策要求从严，我们就一点也不敢从宽了，就担心搞了认罪认罚我们的从严就打折扣了，从严的态度就不旗帜鲜明了。

上文的论述也表明，认罪认罚并不是我们给予被告人的恩赐，而是被告人自己的态度。他认罪这个事实没法否定吧，你现在提出死刑的量刑建议，他也认，这不是认罪认罚是什么？

有人说了，认罪认罚还要签具结书呢，我们没和他签具结书，他就不是严格意义上的认罪认罚。

这也是对认罪认罚本质的一种误解。具结书是庭前确认程序的载体，目的是在没有法庭见证的情况下，确保犯罪嫌疑人认罪认罚的真实性和合法性，确保犯罪嫌疑人没有受到威胁引诱（律师见证签字也是这个意思），从而提高庭审的效率。也就是将法庭需要做的一部分工作在庭前做了。之所以签具结书，是因为庭前没有法庭审判这种公开透明的形式。

即使没有具结书，被告人当庭表示认罪认罚的，法官当庭征求双方意见，当庭确认即可，这个时候是无须再签订具结书的。

因此，具结书不是认罪认罚的必要条件。

在犯罪嫌疑人已经表明认罪认罚态度的情况下，检察官也没有任何权力拒绝与其签订具结书。我甚至觉得这个拒绝签具结书的行为以后会成为一种明令禁止的违规行为，只是现在还没有具体的规定。

而且即使拒绝签订具结书，也无非是将这一确认环节推到法庭上而已，被告人当庭表明认罪认罚的，法官总不能也拒绝吧。

只是被告人和辩护人还没有这个意识，没有在法庭上特别主张这项权利而已，稀里糊涂就过去了。

这必然会导致确实是认罪认罚的人，有些没有予以确认，从而忽略了这个量刑情节的考量。认罪认罚这个概念，还没有像自首和立功那样普及，很多被告人和辩护人还没有意识到这是一项权利。

很多司法官也以为这项制度是司法机关的额外恩赐，除了从宽的功利性色彩，还增加了一份道德色彩。

还有一种观念，认为对于罪大恶极的犯罪嫌疑人不能便宜了他，对于重点打击的犯罪不能手软。适用认罪认罚就是手软。

前文一再强调，认罪认罚是犯罪嫌疑人、被告人的态度，可能获得从宽是他的权利，这个权利体现为刑事诉讼法平等地适用于每一个人，并不应以案件类型、罪行轻重而改变。

认罪认罚与从宽也没有必然的关系，有些案件我们可以不认可从宽，但不能否认犯罪嫌疑人和被告人的认罪认罚态度。这份从善的态度，是司法机关没有任何理由拒绝的。对这个量刑情节的认定，是犯罪嫌疑人和被告人不能被剥夺的法定权利。

对认罪认罚的选择性适用，体现出法律面前人人平等的原则还没有彻底地贯彻，在对法治精神的理解上还存在禁区。

拒绝犯罪嫌疑人、被告人认罪认罚的态度，也是在拒绝他们释放的善意，拒绝他们展示尚未泯灭的人性——不给他们这个机会。而这些善意和人性正是认罪认罚制度所追求的终极价值的体现，这一点比认罪认罚带来的办案效率的提高还重要。这本来是善意传递的链条，如今被生生切断了。

这是在法律审判之外，又对其进行了道德审判，展现出了一种道德优越感，这是一种傲慢和偏见。

回馈傲慢的只有仇恨和冷漠。

"认罪认罚从宽"这一所谓完整称谓的广泛宣传，也对上述误解起到了推波助澜的作用，让我们误以为认罪认罚与从宽之间是必然的联系，认罪认罚就必然从宽，为了避免从宽，就连认罪认罚也不再被承认。将那些不宜从宽的犯罪嫌疑人和被告人拒之于认罪认罚的门外。

对于那些并非罪大恶极的犯罪嫌疑人、被告人，又凭什么仅因案件类型特殊就拒绝与其签订具结书，抹杀掉其所有从宽的可能呢？宽严相济的政策在这里不就失效了吗？还是我们的法治精神在这里也失效了？

因此，不要再说认罪认罚从宽，在刑事诉讼法里根本找不到连在一起的这六个字。认罪认罚就是认罪认罚，从宽就是从宽，它们之间没有必然的联系，不要将它们生拉硬拽地捆绑在一起，更不要将概念捆绑作为选择性适用的借口。

认罪认罚未必从宽，但不能因此而拒绝认罪认罚，因为法律从来不排斥善意。

认罪认罚也不应设置禁区，因为法律面前人人平等，因为法治本没有禁区。

认罪认罚与"两个基本"

有观点认为，在采用速裁程序审理的认罪认罚案件中可以采用"两个基本的标准"，并认为对该部分案件产生错判的可能性较小，或者说错判结果相对而言不严重。这种说法本身就暴露出非常严重的问题，有必要加以认真研究。

目前，速裁案件的刑罚标准已经扩展到 3 年以下，成为认罪认罚的主力军。认罪认罚的适用率已经达到 80%，速裁案件已经占到了全部案件的 50% 以上，通过进一步推进，占比将会更高。2020 年提起公诉的案件中的被告人就有 180 万人，半数案件就涉及 90 万人，涉及这么多当事人的基本权利和司法公正问题，兹事体大。"两个基本"涉及中国刑事政策的过往，有时代烙印，也曾发挥过积极作用，也不能轻易下结论。但是两者放在一起，确实影响到法治发展的方向，不能不引起重视。

"两个基本"是彭真同志于 1981 年 5 月在五大城市治安座谈会上提出来的，他当时指出："现在有的案件因为证据不很完全，就判不下去。其实，一个案件，只要有确实的基本的证据，基本的情节清楚，就可以判，一个案件几桩罪行，只要主要罪行证据确凿就可以判，要求把每个犯人犯罪的全部细节都搞清楚，每个证据都拿到手，这是极难做到的，一些细枝末节对判刑也没有用处。""基本事实清楚，基本证据确实充分"是对彭真同志讲话精神的概括，简称"两个基本"。在此后的三十多年中，"两个基本"一直是政法机关的一项工作要求，尤其是在打击犯罪方面发挥了重要作用。反对"两个基本"的理由主要是"两个基本"人为降低了证明标准，从而导致了冤假错案的发生。事实上，"两个基本"在早期确实发挥过正面作用。问题主要是对"两个基本"的误读，将"基本事实清楚，基本证据确实充分"错误地理解成"事实基本清楚，证据基本确实充分"从而降低了证明标准，进而放松了对证明标准的要求。

对"两个基本"误读的根本原因是不能以发展的、辩证的眼光来看待证明标准。"两个基本"是一段时期的司法工作要求，它的发展方向是以审判为中心的实质化标准，司法工作的要求不可能是一成不变的，它的基本内涵深深地植根于同一时期的刑事诉讼制度。什么是"基本"，什么是"细枝末节"，必须结合当时的刑事证据制度和诉讼制度来理解，既不能超越也不能滞后于当时的刑事诉讼制度。

《刑事诉讼法》自1979年制定以来，经历了两次大规模的修订，"证据"一章的法律条文从1979年的7个，到1996年的8个，再到2012年的15个，2010年又出台了"两个证据规定"（《关于办理死刑案件审查判断证据若干问题的规定》和《关于办理刑事案件排除非法证据若干问题的规定》），这是一个不断发展完善的过程，尤其是近年来呈现出了加速发展之势。

这四十多年间，整个刑事诉讼制度有了翻天覆地的变化，更不要说刑事证据制度。以今天的眼光来衡量四十年前的案件，有些是达不到起诉、定罪标准的，反过来以今天的证明标准来办理当年的刑事案件似乎也过于纠缠"细枝末节"，甚至超越了当时的侦查水平。刑事证据制度的不断进步也在不断丰富着证明标准的内涵，因此我们必须以发展的眼光，以更高的标准来坚持司法公正，这样才符合刑事政策不断丰富的科学内涵。如果将"两个基本"作为拒绝提高侦查能力的挡箭牌，或者套上"认罪认罚"和"速裁程序"的新瓶，仍然坚持"老一套"，这样不但对防止冤假错案无益，也与民众对公平正义的期待背道而驰，最终必然损害司法机关的整体公信力，同时也会加深公众对刑事政策的误解。

谁说小案子就没有错案？速裁案件中"顶包"的情况已经出现，只是纠错的成本和收益不成正比，问题没有完全暴露出来。但是速裁案件数量如此之大，一旦问题蔓延，必然损害认罪认罚制度和司法机关的整体公信力。对此应该防微杜渐，引起警惕，不能首先对自己放松要求，认为即使"有错"也问题不大。

正确理解"两个基本"还要结合司法机关角色和职能的调整变化。"两个基本"提出的时候，整个司法机关的职能主要是打击犯罪，人权保障的意识还不强，法院具有较强的职权主义色彩，带有一定的追诉功能。当时的刑事诉讼法规定，法院要对公诉案件进行庭前实质审查，达到"事实清楚，证据确实充分"的程度才能开庭审理，达不到这一程度的，要"退回检察机关补充侦查"。那个时候，如果法院纠缠"细枝末节"，就不是定罪的问题了，而是诉讼都无法进行下去。彭真同志是在这种刑事诉讼制度的背景下提出的"两个基本"。

1996年《刑事诉讼法》第一次修订的时候，职权主义模式就开始向当事人主义模式转变，人权保障的意识有所提高。主要表现在：废除庭前实质审查，避免法官先定后审，限制法庭职权调查权限，法官从先发问到后发问，法庭调查以控辩双方为主，废止法官出示证据的权力，进一步增强法庭的中立性；调整合议庭与审委会的关系，进一步增强法庭的独立性；律师介入时间提前，辩护权内容增加，无罪推定原则出现，增加法庭的对抗性，公诉人庭审压力加大，当事人主义的庭审结构初步建立，公检法之间相互制约的关系得到一定加强。但是配套制度和细节设计还不完善，比如刑诉法虽然规定了严禁刑讯逼供，但还没有建立非法证据排除程序。

在诉讼程序和证据制度不断完善的大背景下，有些司法机关的理念却没有及时转变过来，对"两个基本"的理解仍然停留在20世纪80年代的水平，不能与已经提高了的证据标准和公民法治意识相适应，致使冤假错案一再发生。冤假错案的不断出现，也迫使司法机关不断进行反思，2010年"两个证据规定"出台，证据制度开始有了章法。

2012年《刑事诉讼法》第二次大规模修改，主要变化体现在：简易程序案件公诉人全部出庭，检察机关二审案件开庭范围扩大、审限缩减；非法证据排除程序、证人出庭程序和配套措施更加完善；证据种类增加、证明标准更加明确，证据裁判原则确立；辩护人的阅卷权、会见权、取证权都得到了很大的扩张；提出异议和表达诉求的渠道增加，并增加了不少独立性的权利，犯罪嫌疑人、被告人的权利保障措施进一步增加，平等武装原则得到加强；人权保障原则首次写入刑事诉讼法，刑事诉讼的重心不断向审判倾斜，当事人主义的倾向得到进一步加强。

经过此次修改，刑事诉讼制度又上了一个新的台阶，人权保障意识空前提高。但是我们必须面对的问题是，在保障人权的同时，打击犯罪不可偏废，在推进证据制度等司法改革的同时，也应当注意与社会的可接受程度相适应。我们要充分发挥刑事诉讼法打击犯罪和保障人权平衡器的作用，关键在于如何正确地坚持认罪认罚与以审判为中心的有机统一，认罪认罚中效率和公正的有机统一，也就是"两个统一"。

首先，坚持"两个统一"就是要坚持不断提高的证据标准。只有将"两个统一"放到刑诉法的法定标准上来，只有与人民群众已经不断提高的人权保障意识相符合，才能符合刑事政策不断丰富、不断发展的内涵，才能使刑事政策被真正接受和认可，才能在提高办案效率的前提下，真正避免、减少冤假错案的发生。

对此，检察机关可以在工作文书上实现繁简分流，同时加大对证据的审查力度，做到审查实质化：（1）对犯罪嫌疑人供述和证人证言、被害人陈述，要结合全案的其他证据，综合审查其内容的客观真实性，同时审查侦查机关是否将每一次讯问、询问笔录全部移送。对犯罪嫌疑人的供述和辩解，应当结合其全部供述和辩解及其他证据进行审查。犯罪嫌疑人的有罪供述，无其他证据相互印证，不能作为提起公诉的根据。（2）审查证人证言、被害人陈述，应当注意对询问程序、方式、内容以及询问笔录形式的审查，发现不符合规定的，应当要求侦查机关补正或者说明。（3）对物证、书证以及勘验、检查笔录、搜查笔录、视听资料、电子证据等，既要审查其是否客观、真实地反映案件事实，也要加强对证据的收集、制作程序和证据形式的审查。（4）对侦查机关的补正、说明，以及重新收集、制作证据的情况，应当认真审查，必要时可以进行复核。（5）审查鉴定意见，要着重审查检材的来源、提取、保管、送检是否符合法律及有关规定，鉴定机构或者鉴定人员是否具备法定资格和鉴定条件，鉴定意见的形式要件是否完备，鉴定程序是否合法，鉴定结论是否科学合理。对于不能达到法定证明标准的案件绝不迁就，不勉强起诉。尤其是对于死刑案件一定要坚持最高的证明标准。提高证明标准还要注重从源头上解决问题，充分发挥侦查监督的作用，通过审查引导侦查、诉讼监督和非法证据调查程序等措施不断提高侦查能力。

其次，坚持"两个统一"也要避免远超现实侦查能力和水平的过度审查和纠缠。坚持"两个统一"，坚持的是法定证明标准，不能在法定证明标准之上人为拔高。例如盲目追求西方诉讼模式，对证据做过高要求，凡是证据就要鉴定，凡是证据就要补查。如果补查标准远超目前的侦查能力和技术水平，也是一种脱离实际的要求和诉讼资源的浪费。有些案件虽然没有直接证据，但证据已经查证属实；证据之间相互印证，不存在无法排除的矛盾和无法解释的疑问；全案证据已经形成完整的证明体系；根据证据认定案件事实足以排除合理怀疑，结论具有唯一性；运用证据进行的推理符合逻辑和经验，间接证据也可以定案。比如，对于根据犯罪嫌疑人的供述、指认，提取到隐蔽性很强的物证、书证的，且能够与其他证明犯罪事实发生的证据相互印证，且侦查机关在犯罪嫌疑人供述、指认之前没掌握该证据的，综合全案证据，这种情况基本上就可以认定，没有必要纠缠细枝末节。只要其他证据能够相互印证，纵然被告人在庭上翻供，其无罪辩解理由也不能成立。排除合理怀疑，不是排除一切怀疑，而是不能随便怀疑、无端怀疑，但同时也不能对合理的怀疑置之不理，要注意掌握其中的尺度。

再次，坚持"两个统一"既要保证证据的合法性，也要避免非法证据与瑕疵证据的混淆以及过度降低非法证据的认定标准。"两个证据规定"和修改后的《刑事诉讼法》都对证据合法性提出了更高的要求，并制定了非法证据的排除程序，对检察机关提出了合法性证明的具体要求，检察机关也有了启动非法证据调查程序的权力。显然，对证据合法性的强调也符合人权保障的总体趋势。因此，应当注意的是我们是站在更高的人权保障标准上和更高的证据合法性标准上，来坚持"两个统一"的。检察机关应该更加审慎地进行证据审查，对非法证据应当做到早发现、早排除，对于严重违法行为应该及时启动非法证据调查程序，并开展法律监督。

但是也要注意到，"非法证据"和"瑕疵证据"与侦查能力和水平仍然有着千丝万缕的联系，提高侦查能力和水平不可能一蹴而就。刑事诉讼法对于非法证据范围的确定也考虑了现实的情况，比如对非法口供的排除主要集中在刑讯逼供，对于"诱导性"的讯问就不是一概排除，还要注意与侦查技巧相区分，更没有吸收西方国家普遍采用的"毒树之果"理论，即通过非法口供所获取的物证、书证也尚未纳入排除之列。因此，进行非法证据排除时，应当注意区分"非法证据"和"瑕疵证据"。在判断"非法证据"时要注意判断非法证据的范围，将"非法证据"作扩大化的解释，固然可以保护嫌疑人、被告人的人权，能够防止冤假错案的发生，但是过度的保护必然脱离了目前侦查能力和水平的工作实际，从而削弱了打击犯罪的力度。

为了更好地处理保障人权和打击犯罪的关系，我们应当注意两者的平衡，坚持"两个统一"。

坚持"两个统一"，不是回到"两个基本"，不是要姑息侦查机关的违法取证行为，容忍瑕疵取证行为；也不是简单地传导压力，而是在传授方法，这是一种建设性的压力，是一种有方向性的引导。不是简单的捕与不捕、诉与不诉、将瑕疵证据一排了之，还是指出为什么和怎么办的过程。要通过诉讼监督、补充侦查进行沟通交流，要求侦查机关及时补正，在保证必要打击力度的前提下，循序渐进地提高侦查能力和水平，通过整合检警关系，也可以为庭审实质化铺平道路。

最后，坚持认罪认罚与以审判为中心的有机统一，坚持认罪认罚中效率和公正的有机统一，就是在新的时代背景下坚持打击犯罪与保障人权的统一，是在坚持更加高效的司法公正。这不是否定过去，因为发展是一个连续的、无法割裂的链条，面向未来就一定要有所扬弃，要跳出固有的思维模式来看待新的问题、解决新的问题。

认罪认罚与不确定性

认罪认罚对办案效率的意义绝不是"搞快点"那么简单。

效率是案件质量的重要组成部分，所谓迟到的正义非正义，认罪认罚也是在帮助正义尽量不迟到。

也可以说，认罪认罚是要确保正义在保质期内。

本文中探讨的效率问题，并不仅仅是办案周期的缩短，而是希望探讨一些更本质的东西。

那就是不确定性的降低。

办案子最怕的不是人多事多，最怕的是"拿不准"，也就是不确定性。不确定性是复杂性的本质，它是制约效率提升的根本性障碍。那些从捕到诉一遍又一遍要求补充证据，甚至到了审判阶段还在不停地补充证据的案件，就是这种不确定的案件。

对于这种案件，是不是可以以不起诉了之？事实并没有这么简单。

如果将这一类案件都做不起诉那还真就简单了，但是这肯定会放纵犯罪。对于有些案件，检察官的内心是比较确信的，只是比照庭审实质化的标准还是要差一些。

尤其是在不认罪的情况下，那间接证据就必须非常充分才能反驳嫌疑人的辩解，解决因为不认罪带来的合理怀疑。

在现有的侦查条件下，这确实是很难的。虽然也应当推进侦查体系不再以口供为中心开展工作，但是这种长期的惯性很难在短时间内改变。而且很多隐蔽的细节，除了嫌疑人之外，也很少有人知道。

因此，口供在整个证据链条上仍然具有重要的地位。比较充分的证据，辅之以认罪的口供，很容易使司法官形成确定的心证。反之，即使有了非常充分的证据，但是被告人就是不认罪，而且有些辩解还带有一些合理的成分，在这种情况下，虽然证据链条可以对这些辩解予以解释，但很多司法官也还是不放心。尤其是死刑案件，那更要思来想去，穷尽所有可以补查的空间，一遍一遍地要求补查。虽然最后也补充不来什么东西，但也只有到了这个时候才能坚定决心来下判。这个时候的证据内容与之前可能没有太大的差别，但不折腾一番，心里就无法踏实，这就像在"解心疑"。

这就是不确定性带来的焦虑。

我们会反复问：既然证据都那么充分了，为什么他就是不认罪呢？这里面是不是真的有什么事？

不认罪的可能性非常多，很多真正的理由我们也无从知晓。其中可能包括委屈，也还有很多是侥幸心理，害怕受到道德的谴责，为了保住自己的颜面，为了保护自己的家人，甚至就是为了羞辱被害人，从而编造了一些对被害人有污名化的理由。这些真正的动机，我们可能永远都无从得知，这展现了人性的复杂性，让人捉摸不透。

这些不确定性对司法官来说，就像魔咒，影响对起诉和判决的判断，让人犹豫不决，想通过尽量多的证据来驱散自己的焦虑，这必然要极大地消耗诉讼成本。

这些焦虑也来自于追求公正与承担责任的矛盾心理。一方面自己已经非常确信，但从证据标准来说，好像还不够完美。从朴素的正义感来说，不想就这么轻易地放弃。但另一方面，司法责任制下的责任，让司法官不得不有所犹豫，要确保案子即使最后定不了也不要被追责，所以证据才要补了又补。

这种焦灼状态是正义感与趋利避害本能的矛盾造成的，这里既有证据标准不断提高的正面原因，也有内部责任追究机制过分苛责的负面原因，这是多重原因综合作用的产物。

这也可以叫不确定性司法综合征。

就是这种综合征，成为了消耗司法资源的狂魔，严重制约了司法效率的提高。

事实上，即使不搞认罪认罚，也可以通过去行政化、充分落实司法办案责任制、完善司法官保障机制等方式让司法官放开手脚，也能在一定程度上提高司法效率。通过不断向侦查机关传导证据标准，促进侦查质量的提高，也可以从根本上提高司法效率。

但是这些努力还需要漫长的时间，而且即使如此，那个"为什么他就是不认罪"的不确定心魔也还是会困扰司法官的内心。

这也是认罪认罚能够在短期内提高效率的根本性原因。

也就是降低不确定性的风险。

这个不确定性，既有基于客观的证据标准：通过认罪供述的粘合形成更为完整的链条，通过认罪供述反映出非亲历而不可知的案件细节，并与客观证据有更多的印证；又有基于心理因素的自由心证：结合常情常理的判断得到内心确信。这种综合性的判断，虽然遵循了作为认知标准的证据规则，但总归是人的心内判断，很大程度上是一种主观的判断。

认罪认罚就是在降低这种内心判断的不确定性。

所谓自由心证也就是一种内心的确定性。

除了内心判断比较容易下结论之外，也必然导致审查的压力相对下降，不用再让侦查机关不停地收集证据来消除自己的焦虑，也不用过多地思量缺少认罪之后的证据板块如何通过大量的间接证据来填补，思考如何分析、论证、反驳被告人的辩解。而且为了避免被事后追责，还要不断提高审批层级，这些分析的思量还要转化为对各级领导的说服和解释工作，并接受各种质疑和提问……这些压力都会不断增加诉讼成本。

为了体现庭审实质化的要求，对于不认罪的案件要更加体现庭审实质化的要求，包括证人出庭，更加充分的审理程序等。也可以说不认罪进一步放大了庭审的不确定性。为此，公诉人要全面详细地做好庭审准备，在审查的时候，要更加全面地收集准备证据，为庭审可能出现的辩解和特殊情况，做好全面充分的准备。

由于捕诉一体了，这种准备将顺着诉讼链条向前延伸。一个报捕的案件，不认罪，虽然根据现有的证据可以捕，但是作为要出庭的检察官，怎能不为后续考虑，要求侦查机关多补充一些证据，从而做更加充分的准备？而且还要不停地问自己：他为什么不认罪？有没有可能捕错了？并带着这些忧虑开展后续的工作。自己想补的证据都补得回来吗？如果只是补了部分，那又该如何论证证据的充分性？如果到头来还是要放弃起诉的话，还要在证据不充分的方面好好论证一番。而且捕后不诉，本身就是一种质量不高的案件，还要做好内部复查的准备，自然还要有另一番的心理挣扎。但是面对判不了的更大的责任，这样也是值得的。这种在责任大小和风险高低的博弈中，司法资源将被极大地消耗。这种挣扎、博弈、消耗也会顺着诉讼流程不断蔓延。

那是不是说，认罪认罚就踏实了？不确定性就归零了？就万事大吉了？如果有这种心态的话，那反而是在隐匿风险，将来的风险会更高。

这个时候就要强调认罪认罚的自愿性和真实性，只有确保这两点，才能让不确定性降低和效率提高建立在坚实的基础之上。否则无法让人真正放心，并真地降低不确定性。

也就是说认罪认罚绝不是签了具结书就完事了，还必须让嫌疑人对认罪认罚的内容和结果有彻底的了解，保证认罪认罚的过程不被外力不当干扰，确实出于自愿。

有时候光自愿都不行，因为还有可能存在自愿的顶罪，那就要结合必要的证据，对有罪供述进行辨别。

认罪认罚绝不是只有有罪供述就得了，勉勉强强的认罪供述会让人更加困扰，也更应该引起警觉。

有一部分案件的犯罪嫌疑人从一开始就是认罪的，还有一些是通过司法人员的政策教育之后认罪的，也有一些是了解认罪认罚政策之后，在左右权衡之下才认罪的。

这个权衡既有从宽带来的吸引力，也有对早日获得相对确定的结论的期待。因为不确定性带来的煎熬，不仅是司法官要承受的，嫌疑人也要承受，早日解脱也是其认罪认罚的动力。

如果以审判中心的目标无法实现，无罪的人也未必可以得到公正的审判并由此解脱，那嫌疑人就可能违背内心地认罪认罚，以换取确定性的刑罚和早日解脱。只有庭审实质化，才可以让嫌疑人确信通过不认罪的抗争有一个大概率的好的结果，他才会敢于表达真实的意愿。但是这些假设都是理想化的，现实中极有可能处于灰色地带。虽然大部分案件可以得到公正审判，也有越来越多的无罪判决，但是必须要承认的是，被错误起诉和定罪的案件一定也是有的。这就是一种错案黑数，也就是没有被纠正的错案一定存在，这里面有发现概率、纠错成本、关注大小等多重因素。有些是因为处刑较轻，申诉成本过大，当事人就放弃了。有些只是案件的部分事实有问题，或者罪轻罪重的问题，不都是有罪无罪的分别，因此受关注度也比较小。这些案件就是庭审实质化的背面。它们成为嫌疑人选择不认罪的一种心理成本。越是罪重的情况下，坚持己见越是值得；越是轻罪的情况下，就越是容易妥协。

所以认罪认罚的质量不仅取决于认罪认罚本身，还取决于以审判为中心的诉讼制度改革的落实，取决于整体司法水平和司法公信力的提高。

也就是说，认罪认罚只有建立在真实性、自愿性的基础上，它对司法效率的提升才是有效的。

这也是刑事诉讼法规定在庭前签署具结书时要求辩护人或值班律师到场见证的原因，从形式上增加了一道关口，也给嫌疑人随时咨询提供帮助。但是现在的问题是，由于经费不足，值班律师提供法律帮助的动力不足。虽然个别地区推广了值班律师和出庭的法律援助律师合一的工作机制，既解决了律师待遇问题，又强化了法律帮助的连续性，但这种机制仍然没有普遍推开。这就使得法律帮助实质化难以完全实现。

对于认罪认罚法律帮助全覆盖的问题，有人也有不同的看法，认为从法律援助的要求来说，也是有重点的：对那些特别需要保护的人群，或者家庭困难的人群，或者刑期很重的人群有针对性地提供法律援助，尚未做到全覆盖，凭什么认罪认罚案件就要做法律帮助的全覆盖？既然犯罪了就要承担责任，凭什么纳税人要为这些人买单？这样做有意义吗？

这样做是有意义的，也是有立法机关的特别考量的，其目的就是尽量地确保认罪认罚的自愿性和真实性，为此提供法律帮助的支持，这也说明了公正与效率是有成本的。

认罪认罚制度就是在精简一些流程，从而提高效率。但精简的前提一定是真诚的认罪认罚，庭前的认罪认罚缺少庭审中立透明的审理机制，为此必须建立一些特别保障机制。

也就是签署具结书的机制，由检察机关和嫌疑人共同签订，由辩护人或值班律师见证。这一种微观的程序性制衡，在一定程度上弥补了庭审程序简化所带来的程序性保障机能的不足。经过这些书面的确认，在庭审上的核实确认就变得相对简单，也可以使其他庭审程序相应地简化。

但是这个机制目前仍然存在法律帮助实质化不足的缺憾，隐藏了一些潜在的风险，应该予以注意。

检察官在签署具结书时有必要用口语化的方式，向嫌疑人阐明认罪认罚制度的核心内容，认罪认罚的实质后果，量刑建议的功能以及与法院量刑的关系等，就是尽量要有一个确认的过程。

这是在做任何重要决定之前的审慎义务，就像做手术之前医生也会对患者本人或者家属进行告知，虽然那个告知上也会有很多内容，但是很少有人会从头到尾读完，这就需要医生做一个解释和说明，把关键的利害关系讲清楚。最后，也还是要签字。虽然医生没有介绍到的内容也同样是有效力的，但是这个介绍可以帮助我们快速抓住要点。

实务中，检察官在与嫌疑人签署具结书的时候，以及法官在与被告人核实具结书真实性的时候，都会有一个确认和核实的过程，只用三言两语就可以把最关键的地方说清楚。

尤其是签署具结书，审前的环节具有一定的仪式感和重要的形式意义，更应该让嫌疑人彻底明白具结书是怎么回事，签了以后有什么后果，对量刑有什么确切的影响。

我有一个二审上诉案子，在一审阶段做了认罪认罚，公诉人说是法官让做的，也就是法官让公诉人与被告人签了具结书，而且是在量刑建议下限判的，但是判决之后被告人还是上诉了。我就纳闷儿，我问他，你为什么上诉？量刑建议不是你认可的吗？他说，一审法官和他说，不用在意量刑建议，还可以在这个幅度之下判。不过法官也确实争取过在幅度之下判刑，也就是降刑档判，也与公诉人沟通过，只是公诉人没有同意，最后只是在量刑建议的下限判处。所以上诉人就认为这个判决没有称了自己的心意。

这就不是一个好的解释，当司法官告知被告人，具结书上的量刑建议，只是一个参考，还有可能在这个幅度之下判处时，那量刑建议的下限就成了他心理预期的上限，最终的判决结果就无法使他满意。而他也没有能力识别司法官对具结书的这种解释是不符合规定的，这就使他陷入一种错误的认识之中。

绝大多数的具结书都是审前签署的，还是检察官去做的解释，这个解释的作用就和医生对《手术同意书》的解释是一样的。它的目的在于信息的实质化的告知，事关患者对手术成功与否的信念，也是避免医患纠纷的有效手段。法院对判决书的说理也是一样，目的在于案结事了。认罪认罚也有案结事了的问题，签具结书的目的也是促使其彻底认罪认罚——不是勉勉强强，不是不清不楚。

但是在过高追求指标的情况下，我们会怕嫌疑人不签，就是怕说多了，嫌疑人就后悔了，就不想签了。好不容易谈下来的，就白费了。我们在这里说"如实签自愿签"的时候是倡导者，但是基层检察官才是实际的操作者，他们要经过很多辛苦的沟通解释才能换来实际的签署机会，他们也不想轻易放弃。这是完成率的压力带来的不得已。

他们并没有那种"愿意签就签"的从容淡定，因为承担这种压力的是他们。

由于量刑建议一般"应当采纳"现在还很难完全做到，尤其是确定刑的量刑建议的采纳率还不够高，嫌疑人还是对具结书将信将疑。嫌疑人还没有感受到认罪认罚一般就可以获得从宽的优惠，也没有感受到检察机关在认罪认罚工作中强有力的公信力，所以不少嫌疑人也会对具结书持一种观望态度，有一种"签不签都行"的意思，尤其是检察官越是主动他们就越会怀疑。此外，认罪认罚制度还没有像自首、立功制度那么普及，还是有很多概念不清晰。而且所谓"坦白从宽牢底坐穿"的负面影响依然存在，这种侥幸心理，观望态度是客观存在的，并不是马上就能得到根本的改观。

在这种背景下，要想实质地推进认罪认罚可能就要牺牲一些适用率，可能就要放弃一些观望者、投机分子。如果不能敢于牺牲一些投机型的认罪认罚者，就不能真正降低不确定性，就不可能实现认罪认罚的实质化。

所以认罪认罚的本质就是在降低不确定性，推进认罪认罚工作的过程就是在把握不确定性是否真的降低的过程。

认罪认罚的目的不在于"快"，而在于"真"，只有做到"真"才能做到真的快，长远的快。

认罪认罚的终极价值

认罪认罚可以导致从宽，这是它的显见价值，也是一般人对认罪认罚的期待和理解。从宽是一种鼓励和吸引，可以促使犯罪嫌疑人、被告人选择这种更加精简的诉讼方式，从而减少二审、重审和再审等程序反复，提高司法效率和办案质量。

在刑罚从宽的同时，还可以在羁押措施上体现程序从宽，甚至可以考虑作出相对不起诉决定，以进一步减少短期自由刑的危害，帮助犯罪嫌疑人尽早复归社会。

上面提到的都是从宽，很多人也会将认罪认罚与从宽捆绑在一起，而且官方的文件中也始终将两者连在一起称之为"认罪认罚从宽"，其实这是一种误解。因为认罪认罚并非"必然"从宽，只是"可以"从宽。

有时候即使认罪认罚也从宽不了，比如罪大恶极，需要处以极刑的，就没法从宽。有些时候到了刑档了，不认罚是10年，认罚也只能是10年，一般法院也很少会层报最高法院在法定刑以下量刑。

好像认罪认罚这项制度就没有什么用了。

有些司法人员借此对认罪认罚提出质疑，认为认罪认罚有局限性。还有些司法人员，因为无法从宽，就干脆不再适用认罪认罚制度，不再签具结书，不按照认罪认罚的方式审理，置犯罪嫌疑人、被告人承认指控事实、自愿接受处罚的态度于不顾。

这也暴露了一种司法功利主义，误认为认罪认罚只是功利地获取从宽处罚的一种方式，如果无法获取从宽结果，认罪认罚就完全失去了意义。

好像认罪认罚与从宽只是一种交换关系，如果换不到从宽，认罪认罚就没有意义了，这是一种非常狭隘的理解。事实上，很多犯罪嫌疑人、被告人也并没有这么功利，并没有说认罪认罚就一定要获得从宽，如果从宽不了，就不认了。

很多嫌疑人还是真诚地愿意接受处罚，至于从宽幅度甚至是否从宽，并不是他们唯一的考量。

这是因为在从宽之外，认罪认罚还有更深层次的终极价值。

1. 忏悔

在宗教信仰中，忏悔是一件很重要的、带有仪式感的事情，比如将自己的罪行讲出来是为了得到宽恕。其实从心理上而言，这也是一种解脱。

因为每个人心中都有自己的道德律令，不需要司法机关追究，他自己也无时无刻不在谴责自己。因为犯没犯罪他们自己最清楚。

很多犯罪都是自然犯，像杀人、抢劫、强奸这些犯罪的历史，几乎与人类社会一样古老。对这些行为的认识和评价，不需要记录在法律文本中，它们早已融入了伦理道德体系之中，并成为人们的潜意识。

每个人都知道这就是犯罪，刑法规定中相当大的比例就是关于这种自然犯的，人们对这种行为的违法性都非常清楚，只要自己干了，自己就先给自己定罪了。

虽然也试图找一些借口开脱，但是往往得不到潜意识的原谅。所以即使很多年过去了，有些人还会因此做噩梦，在噩梦中罪行会重演，自己会受到惩罚，这种惩罚有时如同地狱般阴森可怕。

所以很多年后当侦查人员找到他们的时候，这些人反而会有一种解脱感，有时候甚至会说：你们终于找到我了！这样的人往往在最初的供述中会和盘托出，然后会有一种如释重负的感觉，因为诉讼程序对他们来说就是真实惩罚的开始，现实的惩罚会减轻内心的惩罚，让内心重归平静。

所以认罪认罚对犯罪的人也是一种忏悔和精神解脱。不仅把事情说出来，而且坦然接受司法机关对自己的惩处，他们心里的想法就是：这是我罪有应得的，这是报应。

认罪认罚之后，对自己也就有了交代，对当年的罪行已经付出了代价，所以内心也无须再进行自我折磨了，这是一种与内心和解的过程。

对于道德感比较强、心理压力比较大的人，如果长期无法忏悔，精神甚至都有可能被压垮，导致精神失常和崩溃。

因此，认罪认罚对于这些人实际上是一种解脱的机会，这本身就非常有意义，是否从宽并不会产生根本性的影响。而那些计较如何从宽的人，往往还没有彻底地放下，还只是对接受惩罚怀有一种侥幸的心理。

那些固执地以为，没有从宽就不是认罪认罚的司法人员也没有真正理解这项制度对犯罪嫌疑人、被告人内心的重要意义。

认罪认罚是以司法机关的名义承认犯罪嫌疑人和被告人的忏悔，是一种官方的正式认可，只要司法机关认可了，精神解脱的效果就实现了，认可才是关键，从宽并不是关键。

2. 善意

除了忏悔，认罪认罚的态度也是在释放善意，表明自己不是天生的坏人。

这也是忏悔本身的意义，表明自己心中还有道德律令，还能够认识到罪行，与那些冥顽不化，甚至从犯罪中得到快感的人是不同的。

认罪认罚是一个公开的机会，能够宣示出这些内心的道德主张：虽然犯了罪，但还是极力想做一个诚实的人、敢作敢当的人、知羞耻的人，也就是在道德上仍然还有要求的人。

不能因为一个人犯了罪，就将他一棍子打死，完全无视这些善意的态度和表达，不给犯罪嫌疑人、被告人任何改恶从善的机会。

这种拒绝和排斥，是在法律审判之外，再进行一轮道德审判。这是司法官自身的道德优越感在作祟，通过否定别人，来展现自己的优越。通过不给别人展现善意的机会，来体现自己的疾恶如仇。

这就完全背离了认罪认罚和司法的本质。司法的功能不仅是惩罚，更在于让人心服口服，进而产生对法律的敬畏。认罪认罚就是心服口服，就是通过自己的行为展现对法律的敬畏，就是司法效果的最好体现。

认罪认罚也对司法的功能有着良好的展示作用：通过现身说法，体现司法的公正性，让其他公民更加敬畏法律、信服司法机关，从而强化对法律的信仰，遵纪守法，促进社会的良性运转。

犯罪嫌疑人、被告人在认罪认罚过程中所展现的善意，就是认罪认罚的最大收获，因为法律的目的不仅仅是隔离和消灭，最终目的还是使犯罪人复归于社会。这份善意的展示和承接，正是复归和融合的开始。

这份善意是双向的，既有犯罪嫌疑人、被告人的善意宣誓，也有从宽的善意回馈，即使无法从宽，也有对善意的认可和接受，只要我们能够接受这份善意，它的力量就会在社会网络中产生涟漪。比如影响狱友，让他们也及早认罪认罚；让亲友意识到家人没有受到冤枉；让被害人感到一丝宽慰；让公众感受到司法的公正；甚至让在逃的人及早归案。

这份善意的表达，在不以从宽作为回馈的时候就更加显得真诚和珍贵，更是应该给予充分的肯定和珍惜，而不是完全不予认可，那样就浪费了一次善意。虽然认罪认罚的善意不一定会得到从宽的实际鼓励，但嫌疑人还是可以从狱警的态度、狱友的态度、司法人员的态度、被害人的态度、家人的态度甚至公众的态度中感受到尊重，即使仍然要面对死刑，等待死刑这个过程也会让自己好受一点，这对作为社会动物的人来说是十分重要的。

3. 弥合

真诚的歉意、忏悔，尽其所能的赔偿，即使被害人及其家属仍然不能原谅和释怀，也不是完全没有意义的，这要比狡辩、不屑，甚至倒打一耙要强得多。

这是社会关系修复和弥合的开始，所谓杀人不过头点地。被害人会想，犯罪的人接受了应有的惩罚，他忏悔了、道歉了，因此内心仇恨的火焰好像也就没有那么炙热了。

希望看到的报应兑现了，犯罪人的态度甚至超出了预期，还能说什么呢？司法机关替自己伸张了正义，这个事就翻篇儿吧，还是得继续生活。

当然也还有部分的被害人，秉持以眼还眼、以命偿命的血亲复仇心态，还不能完全平静。但这是现代社会，暴力就是被国家垄断的，而且少杀慎杀是趋势，不是每个杀人犯都要被执行死刑，刑罚不是按照个别人的价值观设立的。

他们的不满意并不是对被告人的态度不满意，而是对现代刑事制度不满意。

认罪认罚和司法制度无法迁就这种不满意，因为这是感性的偏见对理性制度的不满意。

即使如此，真诚的认罪认罚所释放的善意和悔意也还是会对极端的情绪有抚慰作用的。在法庭审判上，面对过激的言语和愤怒的谴责，被告人始终都能诚恳和谦卑地回应，即使再不满的被害人也都会或多或少地感到一些抚慰。而这个抚慰，是刑罚和司法程序无法替代的。

4. 平等

对重罪的人，甚至罪大恶极的人也能够适用认罪认罚，才能真正体现法律面前人人平等的原则。才能让人相信认罪认罚是一个基本的法律原则，对它的接受和认可是犯罪嫌疑人、被告人的基本权利，司法机关是不能随意剥夺的，只有这样法律才能真正让人信服。

不能为了追求死刑的结果，就任意剥夺认罪认罚的适用，何况在被告人也能够接受死刑结果的情况下，就更没有任何理由拒绝，这种拒绝不仅是在追求极刑，也是在追求对被告人的道德审判和羞辱。这就不是拒绝认罪认罚，而是拒绝被告人忏悔和展示善意的机会，而这并不是法治思维。

认罪认罚并不是司法机关的恩赐，它是法律以制度形式接受忏悔和善意，对每个人都适用，才能让每个人都相信。

法治绝不是对一部分人讲，而对另一部分人不讲；不是想讲就讲，不想讲就不讲；不是有时候讲有时候就不讲，有些事讲有些事就不讲。这些都不是真正的法治。

法治的本质中包含了无差别性、平等性和彻底性。

认罪认罚中的平等，就是法律的平等。认罪认罚无禁区，其实是法治的无禁区。

只有没有禁区的法治才是真正的法治。

单位犯罪能不能做认罪认罚？

这个问题来自于实践，也暴露了很多立法的深层问题，确实值得研究。

1.

先说单位犯罪。单位犯罪的审理程序在刑事诉讼法中是没有规定的。

但是刑法中明明有单位犯罪啊，总则里有专门的一节，分则里也出现了五十多次。司法解释中的相关规定就更不用说了。

有实体，但没程序，怎么审呢？

这明显是个结构性的缺陷。所以，不得不承认这是刑事诉讼法的一个重大疏漏。

当然了，有了认罪认罚规定之后，刑法也没有在量刑情节上予以衔接。这种不衔接，实体法和程序法中都有，更多的例子就不举了。

这个疏漏存在了这么长时间，为什么我们浑然不觉呢？因为《最高人民法院关于适用〈中华人民共和国刑事诉讼法〉的司法解释》（以下简称《刑诉法司法解释》）有一章专门规定了单位犯罪的审理，现在经常用的诉讼代表人的相关制度，就是这里的。

所以刑法规定的单位犯罪也就不能说被架空了，有了最高法的解释，这个活还能照常干。所以习以为常了，就没有人太把刑事诉讼法的缺失当回事了。

但是把司法解释当立法用还是不合适的，毕竟这一整章的司法解释都没有刑事诉讼法的依据，长此以往是不合适的。这反倒意味着刑事诉讼法被架空了。

有没有法律的规定都能干，那可不行。

我们都知道罪刑法定原则，刑法没规定的罪名司法解释能自己规定吗？肯定不能。

就连刑事诉讼法规定的认罪认罚，由于刑法没有配套规定，我们都不敢作为单独情节适用减轻处罚的规定。

那我们怎么就敢规定刑事诉讼法中没有的程序呢？这有违法律的严肃性，毕竟是法定程序，法律都没有规定，怎么能叫法定程序呢？

只是，在缺少程序法衔接的情况下，单位犯罪的案子也要办，不得以，最高法做了这一章的程序规定。但是我们一定注意，这只应该是过渡性的安排，刑事诉讼法有必要增加单位犯罪审理这一整章的规定。司法实践中绝对不能将司法解释当立法用，还用习惯了。

其实也简单，就把司法解释中的这一章拿过去，哪怕直接搬过去都行。

这也暴露了实体法相对于程序法的某种优越性，这也是重实体、轻程序的表现。

这表明我们的程序正义理念还没有充分树立起来，程序意识在法治观念中还不够强。

2.

现在就来说单位犯罪能不能做认罪认罚的问题。

刑事诉讼法都有没规定单位犯罪怎么审，实务中也都审了。单位的犯罪都能追究了，在追究刑事责任的同时法定权利却不给了，这显然是不公平的。

如果由于刑事诉讼法没有规定，作为犯罪主体的单位就不能享有认罪认罚权利的话，那就意味着它什么诉讼权利都不能享有，因为刑事诉讼法关于单位犯罪什么都没有规定啊。这显然是不合适的。

不管刑事诉讼法有没有规定，案子还得办，活还得干。

程序虽然衔接得不好，也得将就用，但是一定要想着补上。这一点一定不要忘了。但将就用的感觉很不好。

刑事诉讼法既然没有规定，就只能看《刑诉法司法解释》。

《刑诉法司法解释》第 281 条明确规定，被告单位的诉讼代表人享有刑事诉讼法规定的有关被告人的诉讼权利。

既然诉讼代表人是被告单位诉讼权利的实际行使者，他也可以享有被告人所有的诉讼权利，而认罪认罚也是诉讼权利之一，那就意味被告单位也享有认罪认罚的权利。

这个逻辑有点绕，不是我故意绕，而是因为刑事诉讼法没有衔接好。

这样就不仅找到了被告单位认罪认罚的权利依据，也找到了代表其履行权利的主体，也就是诉讼代表人。

3.

具体如何履行呢？

这还要看《刑事诉讼规则》。常规来说，认罪认罚的话，在审查起诉阶段要与嫌疑人签具结书。

但是《刑事诉讼规则》关于诉讼代表人的规定就只有两条，一条是关于起诉书需要记载的事项，另一条是关于不起诉书需要记载的事项。就只有这两个记载事项，除此再无其他规定。

当然由于刑事诉讼法本身就没有规定，也不好说这样是对还是不对。

不管怎么样，单位犯罪的案子检察机关也是要办的，既然要办就不仅仅是在法律文书上记载而已。

你总要找到一名诉讼代表人，与他进行沟通，处理诉讼事宜吧。

但是如何寻找，如何确定谁可以担任诉讼代表人，以及他具体可以享有什么样的诉讼权利，既然《刑事诉讼规则》没有规定，那就只好参考《刑诉法司法解释》。

《刑诉法司法解释》第 279 条规定，被告单位的诉讼代表人，应当是法定代表人或者主要负责人；法定代表人或者主要负责人被指控为单位犯罪直接负责的主管人员或者因客观原因无法出庭的，应当由被告单位委托其他负责人或者职工作为诉讼代表人。但是，有关人员被指控为单位犯罪的其他直接责任人员或者知道案件情况、负有作证义务的除外。

虽然《刑事诉讼规则》没有规定诉讼代表人在审查起诉阶段的权利，但是根据《刑诉法司法解释》中的规定，其在审判阶段的权利是与被告人相等同的。要想维护审判阶段的权利,在审前就必须享有相应的权利,否则很多主张到庭审的时候才提出就晚了,现维护是也是来不及的。

而且有些案件还到不了法庭,比如不起诉的案件——对单位也可以做不起诉。能够代表单位提出申诉的,当然也应该是诉讼代表人,否则在不起诉书中记载诉讼代表人就没有任何意义了。

说到这里,建议《刑事诉讼规则》有机会也补充一下办理单位犯罪案件的相关内容,因为程序这种内容,规定得明确一点比较好,推定起来是很累的。虽然是有利于犯罪嫌疑人的推定,也还是明确一点更好。当然了,最好还是由《刑事诉讼法》把它规定完善了,这才是根本。

从现在的情况看,诉讼代表人在审前也是有诉讼权利的,认罪认罚这种重要的权利更是不可或缺的。

因此,签订具结书的话,由诉讼代表人代表单位签署是合适的,同时加盖公章更为稳妥,因为法庭上还有可能更换诉讼代表人。

但是诉讼代表人毕竟不是嫌疑人,签订具结书总会有点不舒服的感觉。如果他口头代表单位认罪认罚,只是不愿意落到纸面上的话,我认为也可以援引《刑事诉讼法》第174条的规定,视为"其他不需要签署认罪认罚具结书的情形"。但是应当制作笔录,并附卷,有条件的还可以通过执法记录仪进行记录,以方便法庭查实。

这是在庭前,如果在庭审阶段就更为简便,诉讼代表人当庭表达立场,法庭征求双方意见,也可以当庭确认,在庭审当中也就无须再签订具结书了。

既然有单位犯罪,往往就有承担刑事责任的负责人,也就是有自然人被告人存在。也有一种说法就是由自然人被告人代表单位进行认罪认罚。好像这样更省事,自己认罪,还把单位的罪也一起认了。但这显然是不合适的,因为他们与单位之间是存在利益冲突的。这也正是法律要给被告单位单独安排诉讼代表人的原因。而且自然人被告人案发前是单位的负责人,在诉讼进行中往往就不再是单位的负责人了,也就没有权利再代表单位了。因此由诉讼代表人代为行使单位的认罪认罚权利可能也是唯一的选择了。

为什么大家关注单位犯罪的认罪认罚呢?说明大家对认罪认罚的思考已经达到了一定的深度,而且因为认罪认罚可能带来从宽的结果,这也是实实在在的重要诉讼权利，被告单位的有关人员也开始关注认罪认罚这项制度。

在自然人可以享有认罪认罚权利的时候，如果不允许单位享有，也有违法律的公平原则。这是一个无法回避的问题。

既然单位能够接受审判，就是承认其有拟制的人格属性。这个人格属性体现在诉讼权利当中，首先就是对犯罪事实和证据是否认可的问题，也就是是否认罪。如果接受单位也可以有认罪这个态度的话，同样作为态度的认罚也应该可以接受。

我们也看到了，在单位犯罪领域还存在大量的程序规定缺失，这也导致了大家的疑惑和无所适从，因此从根本上还是要完善《刑事诉讼法》的规定。

再引申一步就是要保持刑事程序法和实体法的协调。有必要建立两部刑事法律的协调机制，在修改的时候可以同步进行，这也是刑事一体化的过程。往长远说，就是要促进刑法学和刑事诉讼法学这两大学科的融合。只有树立刑事一体化的理念，才会对刑事规则体系进行一体化的考量。我们所追求的治理能力现代化，一定也是规则体系相互协调的现代化。

这也算是对单位犯罪认罪认罚的一点引申吧。

重罪案件的认罪认罚

重罪案件的认罪认罚是整个认罪认罚工作的深水区。一方面，这个领域对传统的报应刑观念冲击较为强烈，复杂敏感案件的社会关注度高，对犯罪嫌疑人做思想工作的难度大，量刑建议能够参考的样本少，没有法定情节又无法跨越刑档，从而量刑建议的空间有限。另一方面，由于案情更加复杂，法律文书简化的空间更小，在法庭上适用的简易程序和普通程序在流程简化上与一般的认罪案件也没有太大的差别。这些就是重罪案件认罪认罚适用率低的重要原因。

同时，重罪案件的认罪认罚工作又有很强的示范效应，由于这些案件社会关注度高，容易产生重罪案件已经适用，轻罪案件更没问题的示范效果，对认罪认罚制度本身也是一个宣传和普及。此外，这些重罪案件的被告人背负被害人及其家属乃至社会公众的恨意，如果他们能真诚悔罪，能够帮助平复这些社会关系。而且道出真实的犯罪动因，更能帮助司法机关有的放矢地开展犯罪预防工作，真正实现政治效果、法律效果和社会效果的统一。

目前，认罪认罚从宽制度适用的领域主要集中在速裁案件和轻罪简易程序案件，适用率已经超过 80% 的地区再往前走的话，基本上就是重罪领域了。正是从这个意义上说，重罪案件将会成为下一步推进认罪认罚工作的重点领域，应当予以格外关注。

1. 要树立认罪认罚无禁区的理念

在最高人民法院、最高人民检察院、公安部、国家安全部、司法部《关于在部分地区开展刑事案件认罪认罚从宽制度试点工作的办法》第 2 条中，列明了 4

种不适用认罪认罚从宽制度的情形，分别是：犯罪嫌疑人、被告人是尚未完全丧失辨认或者控制自己行为能力的精神病人的；未成年犯罪嫌疑人、被告人的法定代理人、辩护人对未成年人认罪认罚有异议的；犯罪嫌疑人、被告人行为不构成犯罪的，以及其他不宜适用的情形。但在认罪认罚从宽制度正式纳入《刑事诉讼法》之后，《刑事诉讼法》第174条第2款将同样的情形调整为免除签署认罪认罚具结书，但不再排斥适用认罪认罚制度，"犯罪嫌疑人认罪认罚，有下列情形之一的，不需要签署认罪认罚具结书：（1）犯罪嫌疑人是盲、聋、哑人，或者是尚未完全丧失辨认或者控制自己行为能力的精神病人的；（2）未成年犯罪嫌疑人的法定代理人、辩护人对未成年人认罪认罚有异议的；（3）其他不需要签署认罪认罚具结书的情形"。

由此可见，在能够认定犯罪事实的前提下，《刑事诉讼法》没有对认罪认罚从宽适用的制度进行任何的限定，因此可以说认罪认罚无禁区。但是很多司法工作人员还是有很多思想顾虑，比如危害国家安全的案件、扫黑除恶案件能否适用等。即便对这些案件，法律也没有设置任何禁止适用认罪认罚的规定。这也体现了法律面前人人平等的基本原则。所谓的顾虑，不是对认罪认罚适用范围的顾虑，而是是否敢于坚守法治原则的顾虑。认罪认罚敢不敢突破这些所谓的禁区，是对法治精神的检验。

再严重的犯罪行为，再敏感复杂的案件，再十恶不赦的犯罪嫌疑人、被告人，法律都不会阻止其真诚认罪悔罪、认可刑罚从而有可能获得轻缓刑事处断的权利。就好像再罪大恶极的被告人，都要让他接受审判，同时还要保障他的辩护权、上诉权，而不能当场击毙了事一样。这是人类文明进步的产物：不再简单地以暴制暴，而是必须尊崇法治和程序，法律规定平等适用于所有人。认罪认罚从宽制度是宽严相济刑事政策的制度化，已经成为刑事诉讼的基本制度安排，同样也平等适用于所有的犯罪嫌疑人、被告人，这也是他们的基本权利。有些人认为，一些重大敏感案件如果适用认罪认罚，公众可能接受不了，有些犯罪嫌疑人就是不杀不足以平民愤……这是对公众接受度的误解。

首先，公众要求精准打击，不要打击半天后发现是冤假错案。其次，公众要的也不是简单的重罚，而是恰当合理的处断，以及审慎严谨的程序，并且希望看到被告人对法律的制裁心悦诚服。也就是希望正义不但被看见，还要被看清楚，被告人的真诚认罪悔罪，显然是正义的直接彰显。最后，"不足以平民愤"的话语体系是以一部分公众一时的态度，来作为复杂问题简单化、司法问题行政化的托词，本质上也是与法治精神相违背的。刑罚的目的不仅在于惩戒，更在于教化，公众渴望的不是严刑峻法，而是良法善治。

这种理念是从以往单纯的报应刑理念向预防刑理念、修复性司法理念的转变；从对刑罚功能的过于自信，到更加关注社会的综合性治理；从把人定位为单独的理性人，到更加考虑社会网络的联系以及互动作用；从警惕人性之恶到激发人性之善，对人性多存一分"了解之同情"，更愿意用善意来激发善意。

有这样一个期货类犯罪的案子，非常复杂，主犯在逃，从犯在案，有大量的通讯类证据需要分析，其关联性需要专业性的论证，审查和指控难度都非常大。检察机关通过做思想工作，从犯认罪认罚了，并向检察官详细交代了犯罪的方法，为检察机关审查案件、指控犯罪提供了大量的帮助，通过认罪认罚，该从犯最终被处以缓刑。他在看守所期间，感念于司法机关的宽大，发自内心地认识到认罪认罚的意义，还帮助了另一个重要案件的被告人起草了悔过书，使那个案件的庭审也收到了良好的效果。在该期货犯罪案件宣判数月后，一直在逃的主犯的家属突然主动与检察机关联系，咨询认罪认罚的有关事宜，最终又促使该主犯到案，当然也适用了认罪认罚。

由此可见，认罪认罚不仅是犯罪分子回归的金桥，也是传递善意的金桥，只有善意才能换来更大的善意。这可能就是认罪认罚在社会不断进化，文明不断发展的今天被推广的深层次原因。这也说明认罪认罚是社会进化的产物，是法治发展的成果。说认罪认罚无禁区，其实是在说法治无禁区。为什么有些案件就只能严、不能宽，只有严、没有宽？这并不是法律的要求，而是政策、命令的要求，在这些案件中排斥认罪认罚的适用，是将政策、命令凌驾于法律之上，这当然不符合法治的精神，也从根本上违背了宽严相济刑事政策的要求。

宽严相济首先要理解"宽"和"严"。宽严相济之"宽"的基本策略与目的是通过司法上的非犯罪化与非刑罚化以及法律上各种从宽处理措施，防止犯罪者再犯及促成其再社会化。但是"宽"并不是绝对的，案件中主观恶性较大、客观行为较为恶劣的犯罪人，虽然也认罪认罚了，但在"宽"的大原则下也要体现量刑幅度减让上的"严"，以及在刑罚执行方式上的"严"，做到宽中有严。同样，对于暴力犯罪、有组织犯罪、恐怖主义犯罪等严重危及社会安全与秩序的犯罪，"严"也不是绝对的。对那些主观恶性较小、客观行为较轻微的从犯、胁从犯，以及具有自首、立功等情节的犯罪嫌疑人则应该适用"宽"的刑事政策，即以"严"为原则，"宽"为例外，严中有宽。此外，对已经认罪的死刑案件犯罪人，在是否适用死刑的问题上也应该慎重，严格控制死刑适用。在宽严相济刑事政策中，该宽则宽，该严则严，对于"宽"与"严"加以区分，这是基本前提。

因此，宽严相济是以区别对待或者差别处遇为根本内容的。区别对待是任何政策的基础，没有区别就没有政策。刑事政策也是如此，它是建立在对犯罪严重程度的区别的基础之上的。当然，宽严的区别本身不是目的，区别的目的在于对严重程度不同的犯罪予以轻重程度不等的刑罚，由此使刑罚产生预防犯罪的作用。

"济"，是指救济、协调与结合之意。宽严相济刑事政策不仅是指对于犯罪的处罚有宽有严，而且在宽与严之间还应当具有一定的平衡，使之互相衔接，形成良性互动，以避免宽严皆误结果的发生。宽和严虽然是有区别的，并且在不同时期、对不同犯罪行为和不同犯罪人，应当分别采取宽严不同的刑罚——该宽则宽，该严则严，但这并不意味着宽而无严或者严而无宽。既无绝对的宽也无绝对的严，而是应当宽严并用。

例如，某些犯罪分子所犯罪行虽然极其严重，应当受到刑罚的严厉制裁，但如果有坦白、自首或者立功情节的，在从重处罚的同时还要做到严中有宽，使犯罪人在接受处罚的同时感受到刑罚的体恤与法律的公正，从而认罪服法。

只讲"宽"，难以有效遏制犯罪，社会秩序无法得到保障；只讲"严"，严刑峻法，就会导致重刑主义，不能从根本上遏制犯罪。在宽严相济的刑事政策中，既不能宽大无边或严厉过苛，也不能时宽时严，宽严失当。要轻中有重，轻重兼济。认罪认罚从宽制度就是使宽严相济制度化和稳定化。而重罪的认罪认罚，就是重罪中宽严相济刑事政策的制度化。

2. 口供与证据标准

我们要坚持不能仅以口供定案，但也不能忽视口供，尤其是认罪认罚背景下的有罪口供的重要证据价值。

由于重罪认罪认罚的启动成本高，检察官在适用认罪认罚的时候也会从成本收益的角度进行权衡，往往会优先选择一些原来不认罪但通过教育转化后认罪认罚的案件。这些有罪口供对案件的认定帮助比较大，也就是口供的含金量比较高，与认罪认罚付出的额外工作相比收效当然更大一些。

比如犯罪嫌疑人在侦查阶段一直不供认犯罪事实，使得证据达不到确实、充分的证明标准的；犯罪嫌疑人在侦查阶段一直不供认犯罪事实，使得证据链条存在瑕疵，是否达到确实、充分的证明标准，存在较大争议的；犯罪嫌疑人在侦查阶段虽曾供认过犯罪事实，但其后又作出无罪辩解，因而造成对有罪供述采信困难的；犯罪嫌疑人在侦查阶段的有罪供述不稳定，前后不一致，因而造成对不同供述的采信可能影响此罪与彼罪的认定的；犯罪嫌疑人在侦查阶段的有罪供述一直稳定，但其一旦翻供，有可能影响定罪的；需要犯罪嫌疑人指证共同犯罪的同案人、检举揭发他人犯罪或提供其他犯罪线索的；等等。

对于这些案件，我们怎么看待口供与案件证据事实的充分性问题？我认为，不能完全跳开认罪口供来看证据和事实。认罪认罚的案件同样也要坚持事实清楚、证据确实充分的起诉标准。虽然不能在证据上做交易，但是在认定案件事实的时候，应该将认罪之后的口供考虑进来，与之前不认罪的口供以及其他的证据放在一起来看待，综合全案事实来考量。犯罪嫌疑人的认罪口供，当然不仅是态度的问题，口供的内容还要能够与其他证据相互印证，甚至说出了公安机关之前没有掌握的事实，非亲历而不可知的细节，印证了一般人不会注意的证据细节；弥补了其他证据的瑕疵，对之前的翻供进行了合理充分的解释；即使是以往一直认罪，但一旦翻供会影响整个案件认定的，也要通过认罪认罚确保口供的稳定性；或者是对其他同案犯的犯罪行为能够进行详细有力的指证，从而确保整个指控的顺利进行；等等。在这里，口供就像一条线，将客观证据和其他在案证据串联起来。

比如一起运输毒品的案件，两个犯罪嫌疑人，抵京数日后被抓获，二人到案后对运输毒品的事实供述不一，且在预审阶段均翻供。认定运输毒品还是非法持有毒品，以及能否认定犯罪，与二人供述密切相关。经过作工作，一名犯罪嫌疑人最终认罪认罚，并坚决指证同案犯的犯罪事实，提供了大量细节证据，检察机关最终将其以从犯起诉，并提出了较为轻缓的量刑建议。在本案开庭阶段，辩护人提出非法持有毒品罪的罪轻辩护，该被告人仍然稳定地承认运输毒品的犯罪事实，对本案顺利完成指控提供了大量帮助。

还有一起发生在火车站附近的杀人案，系在热力井中沉尸，案发多年后被发现，关联性痕迹物证缺失。经多方排查，查找到犯罪嫌疑人，此时的口供就显得非常关键。好在犯罪嫌疑人自始认罪，但翻供的风险随时存在。因此对犯罪嫌疑人适用了认罪认罚制度，其能够供述出沉尸用的邮政布袋的相关特征以及案发和沉尸周围的环境特征。虽然当地经过拆迁，建筑物外观已经面部全非，但经查找当地以往的规划图纸，与犯罪嫌疑人口供吻合。考虑到犯罪嫌疑人自始至终的认罪态度，以及其口供对案件认定的帮助作用，加之事发有因的特殊情况，检察机关最终提出了 10～12 年的量刑建议，法院最终判处了 11 年有期徒刑。

通过认罪认罚程序获得的有罪口供在很大程度上降低了案件的不确定性，不仅确保被告人认罪服法，也使检察官和法官心里更加踏实。由于认罪认罚的被告人一般也不再提出上诉，自然也不会有发回重审的风险，极大地降低了诉讼成本，同时确保了案件质量。

3. 量刑建议和法律帮助

量刑建议在认罪认罚制度的落实中始终是一个难点问题，因为它不是检察官的传统性工作，检察官普遍缺乏量刑的意识和基础。这样，重罪案件认罪认罚的量刑建议就尤其难，虽然很多地区都推出了大数据的量刑建议辅助系统，但在重罪上往往不太管用，主要是因为样本太少，能够公开的判决少，而影响的因素又多。如果有从轻和减轻的情节，就存在跨越刑档的大幅度量刑区间问题，如何拿捏，是否要在刑档之下量刑都不太好把握。还有些犯罪嫌疑人认罪态度特别好，有很好的酌定量刑情节，但是又存在不能跨越刑档的问题，因此从宽的余地就小。

那么，这又会成为与犯罪嫌疑人和辩护人沟通的难点，其要求就难以满足。

实践中，量刑问题最重要的因数是法官，量刑建议只有法官认可才能作数。《刑事诉讼法》明确规定，法院一般应当采纳检察机关的量刑建议，只有几种特殊情况除外，如果确实需要在量刑建议之外判处刑罚的，应当首先要求检察机关调整量刑建议。但很多法官对量刑建议不太适应，认为这是侵夺了他们的刑罚裁量权，因此会故意不在量刑建议的幅度内判，这显然违反了《刑事诉讼法》的明确要求。《刑事诉讼法》中规定的"一般应当采纳"的意思就是刑罚裁量权向检察机关的让渡，对这一点法官的理解没错。但是这是立法赋予检察机关的权力，是立法将刑罚裁量权在检法之间重新进行了调整，因此法官应当严格执行法律。这也是立法权与司法权的关系。立法权代表全国人民的根本意志，它对刑事诉讼的权力构架进行的重新调整，司法机关以及司法官个人不能因为自己不理解，或者不符合自己的意愿就不去执行。司法官应该带头执行法律的规定。

刑罚裁量权的调整有着深层的法治考量：首先是从整个刑事诉讼流程的角度提高诉讼效率，检察官把法官的活干了，法官就更加轻松了，可以把更多的时间和精力放在更加复杂的案件上，而不是死死抓住量刑权不放。刑事诉讼法是用检察官工作量的增加来节约一审法官、二审法官甚至重审法官的时间。其次，量刑建议的采纳率是认罪认罚协商的基础。只有检察官提出的量刑建议在极大概率上能够被判决所兑现，检察官在认罪认罚程序上的威信上才能树立起来，说话才有人信，而这正是认罪认罚的关键，尤其是重罪案件的认罪认罚。试想，如果犯罪嫌疑人在考虑认罪认罚的时候，还在担心法官会不会采纳量刑建议，那他一定会犹豫，甚至在认罪供述上有所保留，这样一方面可以获取检察官比较轻缓的量刑建议，同时还要保留一些"猛料"给一审法官，从而迫使法官在量刑建议幅度之下量刑，甚至还要留一些给二审法官，从而在上诉不加刑的保护之下，把量刑宽缓的便宜占尽。只要个别被告人能够在任何环节上成功，都会给看守所中的其他被告人树立一个负面的模板。只是因为法官固执于量刑裁量权，就会给整个刑事诉讼带来无穷的麻烦，同时还会减损整个司法机关的公信力，让被告人以为司法机关里有很多可以各个击破的法律空子。

在这个问题上，检察机关一方面需要加强和法院的沟通协调，使法院深化对认罪认罚大局的认识，严格落实刑事诉讼法的要求，充分尊重检察机关的量刑建议权（检察机关也要提升量刑建议的能力）。另一方面，对于完全无视刑事诉讼法的规定，故意违反法定条件和法定程序在量刑建议幅度之外判处刑罚的，检察机关应当敢于提出抗诉，上级检察机关原则上应当予以支持，在量刑畸轻畸重的判断上可以适当放宽，从而维护检察机关和整个司法机关的威信以及刑事诉讼法的权威。对于那些因为个人徇私而枉法裁判的，检察机关应当依法进行侦查。通过大数据进行量刑采纳情况分析，确定出重点法官，可以帮助检察机关有针对性地排查线索。对于那些被告人认罪认罚之后又单方面撕毁具结书无正当理由上诉的，应该果断提出抗诉，二审检察机关应该提出更重的量刑建议，促使二审法院依法采纳并改判，从而维护认罪认罚的严肃性。

至于前文提到的运输毒品案件，辩护人之所以提出了非法持有毒品的罪轻辩护意见，主要是因为签署具结书的值班律师与出庭的指定辩护人不是同一人，导致人为产生认识分歧。这也暴露出值班律师与法律援助律师分离的制度性问题。这里有援助费用支付以及两个制度沟通协调的问题，但是根本上是因为没有一个统一的制度进行统一的安排，因此有必要予以整体考虑，促使值班律师与法律援助律师合一，一个案子跟到底。

值班律师的法律帮助是认罪认罚的重要环节，同时也是制约认罪认罚制度落实的重要瓶颈。因为一般的认罪认罚案件都以具结书的签订为要件，只有几种特殊情况可以免除，但这些案件的数量非常有限。也就是说，一般来说没有律师见证签具结书，认罪认罚就办不了。刑事诉讼法虽然规定了看守所要设立值班律师工作站，但很多地区还没有落实。有些地区落实了，但是由于看守所以安全为由拒绝值班律师进入看守所（因为值班律师没有委托书不能直接进入看守所），这也使得很多值班律师工作站名存实亡。但是检察官有切实的需要，就只能提讯之后再约。又由于无法保证值班律师随叫随到，甚至值班律师人就在看守所外，也不可能马上进去，这又需要单独协调，往往要耽误几天的时间。以至于为了一个认罪认罚，检察官从本来提讯一次，变成至少提讯两次以上，极大提高了诉讼成本。因此，建立值班律师进入看守所的绿色通道，共同推动在看守所设立认罪认罚三方专门会见室就成为破解重罪案件认罪认罚难的重要途径。

四、效率与效果

认罪认罚在轻罪上主要讲效率，在重罪上应该是在保证效果的前提下适当提高效率，效果是第一位，有好的效果，可以使示范效应最大化，促使更多的犯罪嫌疑人认罪认罚，这也是更广义上的效率最大化。保证公正、准确、适当的办案效果，确保办案质量万无一失，避免案件被拉抽屉，又是时间维度的效率最大化。因此，效率与效果是辩证统一的关系。在这个统一的关系中要考虑三个因素：

一是被害人及其家属，他们是一支不可忽视的力量。有些被害人死亡的，虽然近亲属不具备与被害人同等的权利，但从司法惯例上一般也将近亲属视同于被害人，这体现了一份尊重。他们的心态平复程度、对犯罪嫌疑人的态度、达成谅解的意愿以及被告人赔偿履行的效果，也应当成为认罪认罚的重要考量因素。尤其是重罪案件中，在对被害人及其家属的伤害如此之深的情况下他们的态度很大程度上影响了认罪认罚能否推进。这不是法律的硬性要求，但确实是道义和情感的需要，所谓的效果当然应该是情理法的统一。我们要尊重被害人及其家属的意见，但也不要被绑架，狮子大开口的不合理的赔偿诉求，也不应当成为阻碍认罪认罚适用的因素，这也体现了认罪认罚的严肃性。

二是与辩护人、值班律师形成良性互动。在认罪认罚的道路上我们是同向而行的。在教育转化、与犯罪嫌疑人沟通以及释法说理上，辩护人和值班律师都要发挥重要的作用。很多辩护人对检察官适用认罪认罚持欢迎态度，他们认为这体现了检察官运用刑事政策的娴熟，节约了司法资源，提高了诉讼效率，体现了感化和挽救方针，对被告人而言是最好的选择，对量刑互动表示赞赏。这确实是双赢的局面，也是办案效果的一部分。

三是在审查报告上讲效率，在办理质量上讲效果。认罪认罚案件的审查报告可以避免大量的证据摘录，侧重证据分析以及量刑建议的分析研判。但要注意增强起诉书的叙述性，避免含糊，确保犯罪嫌疑人在认罪认罚时明确自己的认罪范围，以起诉书作为案件质量的检验阀。在庭审程序上可以适当简化，但也要做好被告人当庭翻供的准备，因此对案件的审查要毫不放松，突出实质化，不能因为被告人的认罪就完全掉以轻心，应该根据案件的特殊情况，进行适当的准备。要确保即使认罪认罚，也能够经受得住程序逆转等不确定因素的考验。因为认罪认罚永远笼罩在以审判为中心的背景下，被告人永远有辩解的权利，认罪认罚与以审判为中心是一体两面的关系。要认识到出庭能力、应变能力是认罪认罚案件的坚强后盾，要认识到出庭能力在认罪认罚案件中同样具有核心重要性，才能以不变应万变，立于不败之地。

最后，在重罪领域推进认罪认罚制度，还要坚持审慎稳妥的原则，分步骤、有区分地统筹推进。在推进的过程中要综合考虑法律、政治、舆论、时机、策略、节奏等多重因素，尤其是在重大敏感案件中还要体现出法律与政治的双重智慧，彰显司法温度和实践理性。

第二章

推进与运行

认罪认罚应该怎么抓？

很多基层院的领导问我这个问题：别的院认罪认罚干得都挺好，它们有什么诀窍？能不能告诉我们？

我坦然相告：认罪认罚其实没有什么诀窍，你要持续地抓这个事情，没有捷径可走。

如果一定要说建议，我也可以提几条。

1. 理念

先不要说一线办案检察官，就是有些领导的理念也没有转变过来。还认为认罪认罚是一项自上而下的政绩工程，要靠行政命令来强推。我跟他们说还真不是。认罪认罚是真东西，是重塑整个刑事诉讼制度和检察机关的职能作用的战略工作。它的影响从宏观到微观都是实实在在的，现在正是一个窗口期。法律制度赋予你的职责，你要是干不好，法律也帮不上忙。

不要说现在推行起来不容易，很困难，与嫌疑人沟通起来感觉很"屈辱"……这都是值得的。

你之所以感觉很"屈辱"，是因为没有法院的背书，你的量刑建议不被尊重，嫌疑人恰恰也知道这一点。

你怎么才能得到尊重？尊重不会从天上掉下来，需要自己争取。

诉讼格局不会自动改变，只有你努力才会促使它改变。

所以认罪认罚对整个诉讼制度的发展，尤其是对检察机关的发展具有战略意义。

这一点宏观上是容易看清的。

但是落实到微观上，具体到检察官个人而言，就不仅要有理念，还要有激励机制，要将认罪认罚工作与检察官的切身利益挂钩，这样他才会愿意干。

光靠觉悟是不行的，还要有具体而实在的利益激励，这样才能产生内生性动力。不是领导逼着他干，而是他发自内心地愿意干。

2. 统筹

认罪认罚是一项系统工程，不是一个部门，甚至也不仅仅是刑检部门一家的工作，还要进行全院的统筹协调。必要的时候，还要成立认罪认罚工作统筹协调小组，明确一个牵头部门。

要建立内部认罪认罚的通报制度，这不是一个部门内部的通报，而是一个全院性的通报，明确到每一个检察官办案组。对认罪认罚工作开展好的，在年底的考核、评优中应该优先考虑。通过数据通报也能形成一种潜在的利益激励，方便检察官有针对性地开展工作。

通报不仅要有数据，还要有案例，鼓励大家撰写典型案例，这既是一种经验分享，也是对承办人的鼓励。如果这些案例被上级院转发，那也是一项重要的职业成就。通过典型案例通报的引导，鼓励大家办理精品案件，提升自己的办案质量，这是一项实实在在的激励措施。我们就编发了70多篇典型案例，其中有一篇还被高检院作为认罪认罚指导案例，这对承办人而言就是一种激励。我们还计划每50期编发一个案例合集，供大家集中学习，目前已经上线了三卷合集。

因此，统筹小组也不仅仅负责通报数据，它本身也是一个经验分享的平台，除了组织本院的案例分享之外，还要组织学习其他院的典型案例。这里包括了教育转化、不起诉、抗诉、量刑建议的把握，涉及很多方面。这些都是认罪认罚的点滴经验，都是一点一点积累起来的。但是从现在的情形来看，无论是领导层，还是具体的承办人这一层，在这个方面做得都还不够。

这些具体的经验，可以让我们少走很多弯路，能够开阔我们的视野，可以迅速地提升检察官的办案能力，也可以创造以案例为媒介的激励体系。

3. 激励

激励就是要传达一个信号：干了不会白干。干得好的会得到鼓励，大家才愿意干得更好。

既然认罪认罚这么重要，甚至占到了案件的绝大部分，能够体现检察官个人和检察院的综合实力，那也应该在激励体系中占到相当的份额。

认罪认罚确实体现了检察官在证据把握、沟通协调、起诉裁量、量刑分析等方面的综合实力，对办案的效率、质量和效果都有重要的意义。

既然有些检察官能够在这个方面做得好，就说明他在综合办案方面有一定的实力，通过激励体系把这样的检察官选拔出来，让他们承担更重要的职责，甚至提拔晋升，对推进认罪认罚工作，甚至推进整个检察工作都是有好处的。

这是一条明规则，是大家都能看得见的。这就可以产生行为预期，就可以成为一种价值导向。大家就自发地往这个方向努力了。那时候，领导也就不用着急了。

所以既要对认罪认罚工作的重要性有充分的认识和强调，也要建立大家愿意在这个方面干事创业的激励体系，甚至后者更为重要，因为这才具有根本性，能促进形成正向的循环。

4. 合力

认罪认罚要干好，公安机关的积极性非常重要。

因为侦查人员与嫌疑人打交道的机会要比检察官多得多，他们要是提前做了一些教育转化工作，检察官就能节省很多力气。

公安的同志也不是不愿意干，主要是感觉干了也没什么用，不知道他们的工作价值体现在什么地方，没有职业成就感。

所以梯度的量刑建议就非常重要，两高三部的指导意见也提到了。这个梯度差别必须让侦查人员非常清晰地了解，同时也让犯罪嫌疑人了解。只要在起诉意见书中明确提出已经认罪认罚，就能比在审查起诉阶段才认罪认罚获得更多的量刑建议折扣，这才叫早认罪，更从宽。这一点必须明确，甚至有一些明确的百分比都是可以的。这个百分比差异，不是机械性的，而是可以根据案件进行权衡的，它的目的在于传达一个明确的信号，就是及早认罪是有好处的，在侦查阶段开展认罪认罚工作是有意义的。这样侦查人员才愿意做工作，至少传达了认罪认罚的政策精神。

同时还要在公安机关的配合下，在看守所、执法办案中心等羁押场所进行认罪认罚政策的宣传。北京市门头沟区院拍摄的认罪认罚宣传片之前被高检院转发推广，已经有了现成的资料，完全可以拿过来在看守所播放。

这个宣传片推广的过程中有一个小的细节：在看守所调试播放的过程中，有一阵子卡了，在押的嫌疑人都着急了，敲着栏杆说要看。可见宣传片在嫌疑人中是受欢迎的，可以通俗易懂地将认罪认罚的精神和核心内容传达给他们。同时还可以编制一些认罪认罚的宣传手册供嫌疑人进一步学习，包括认罪认罚的指导意见，让他们进一步提升对认罪认罚的认知。这就省却了很多政策解释和教育转化的工作，极大地为检察官减轻了提讯负担。事实上，很多检察院已经在开展这方面的工作了。

同时，检察机关还可以编制一些针对侦查人员的认罪认罚一本通，供侦查人员了解认罪认罚的基本要求和流程，包括梯度量刑建议的规定，从而有针对性地开展工作。

对认罪认罚工作开展效果好的侦查人员、派出所或者侦查部门，也可以由检察院向侦查机关通报，建议予以表扬。这不仅是对侦查机关通报数据，也是提出表扬，这样侦查人员在开展认罪认罚工作的过程中也自然更有干劲了。而且这也是他们应得的荣誉和激励。干了不白干，才能调动真正的工作热情。

通过这些工作可以形成认罪认罚的合力。

5. 磨合

在审判机关这方面，主要是加强沟通协调，争取对认罪认罚工作的支持和理解。尤其是对确定刑量刑建议这方面的理解。

确定刑量刑建议是认罪认罚深入推进的必由之路。只有确定刑的量刑建议才能让嫌疑人明确预期，避免反复，也才能真正降低审判的负担，同时对检察官的能力提升作用也最明显。

以前都是"大概齐"的办案，只有确定刑的量刑建议才能综合所有事实情节对犯罪行为进行精确的评价，这将使检察官的能力素质有一个质的提升。

这个过程并没有捷径可走，老是提幅度刑量刑建议，就永远不会提确定刑量刑建议，只有把自己逼到这个程度，能力才能提升。现在，"一般应当提出确定刑量刑建议"已经写入两高三部的意见，已经成为无法逃避的责任和要求。我们只有在干中学，才能学到真本领。

在这个过程中，检察官还要多向法官请教，甚至邀请法官讲课，就类案量刑标准形成更多的检法共识，达成这些共识，是必须经历的过程。

但有时候仅靠柔性的沟通是不够的，对于量刑建议应当采纳的不被采纳，认罪认罚之后无正当理由上诉等情况，该提出抗诉的还是要提出抗诉。虽然不一定能抗成——因为改判权掌握在审判机关手中，但是抗诉能够对问题案件形成标定和提示作用，到底是抗得不准，还是应该改判而没有改判，更高级的审判机关也会通过复查和数据统计等方式发现，并可以通过内部通报的方式予以解决。

事实上，有的案件二审法院已经发现有问题了，虽然没有改判，但是在裁定中指出来了。有的虽然没有落在裁定中，也通过内部通报等方式向下级法院指出了问题，这也发挥了抗诉的作用。通过审判监督的方式，让法官认识到检察机关的坚定态度，认识到审查过程中本身存在的问题，通过不断的磨合，反而可以获得更多尊重。

因为仅仅靠迁就和退让是无法获得真正的尊重的。

这些沟通和协调也是为了更好地推进认罪认罚工作。

通过这些磨合，我们发现整体上认罪认罚的质量还是在不断提升的，确定刑量刑建议提出和采纳的比率也在不断提高。

认罪认罚与经济建设一样，需要很多基础性的设置。大家都知道要致富先修路，为什么？因为路是基础设置。基础设置都没建呢，就问认罪认罚工作为什么搞得不好是没有意义的。那些统筹协调机制、数据通报机制、学习交流机制、激励体系、量刑建议梯度机制等，都是认罪认罚的基础设置。只有把这些基础设置搞好了，才能提升认罪认罚的工作水平，舍此，并无捷径可言。

理性地面对认罪认罚

这是如何面对认罪认罚的态度问题，也是心理博弈。

认罪认罚是嫌疑人、被告人的权利，他们真要认了，我们不应该拒绝。

如果政策也讲清楚了，还是不认罪，或者不认罚，那这也是一种态度和选择，我们也应该尊重。

教育转化，是政策宣讲，不是求人。

有的教转工作做得嫌疑人都不耐烦了，那就没必要再做了。这个时候，我们只要更加充分地做好出庭准备，提出不打折扣、恰如其分的量刑建议，就可以了。

通过大量的事实证据，一样可以使被告人在法庭上认罪，甚至认罚。如果当庭认罚，量刑建议也可以适当进行调整，但是从宽幅度显然不可能像审查起诉阶段那么大，这一点应该一早说清楚。

虽然我们的政策是鼓励早认罪认罚更从宽，因为这样可以最大程度地提高诉讼效率。但是何时认罪认罚，仍然是嫌疑人、被告人的权利。

所以在认罪认罚的问题上，我们不要过于苛求环节。

我们希望能够实现早认罪早认罚，但并不是所有的犯罪嫌疑人都会早认罪早认罚。

因为这里存在一个心理博弈机制。

有些嫌疑人是对政策了解不清，这种情况下讲清政策就可以了。还有些是在心里盘算，在何时认罪认罚对自己最有利。

如果量刑建议从宽梯度差异比较小的话，比如在侦查、起诉、审判何时认罪认罚都差不多的情况下，那嫌疑人普遍就会将认罪认罚的环节往后拖。

反正都一样的话，就不如先观望一下，万一证据不够，处理不了呢？那早认罪认罚不就傻了吗？等到证据和盘托出再交代也不迟。

尤其是法官对量刑建议采纳率比较低的情况下，就更是如此。也就是一定要向说话算数的人认罪认罚，这个时候得到的从宽的幅度就是最大的。因为这会让法官有成就感，是在法官的法庭上拿下的，就相当于给了他的面子，这个良好的感觉往往可以获得最优的回报。

相反，即使早认罪认罚，检察官也提出了一个更从宽的量刑建议，但是法官不买账，给你还往上加刑的话，那就相当于认早了，白认了。

也就是不采纳量刑建议的做法，就是在否定早认罪认罚的优惠可能，在传达一种要优惠只能找法官的信号。

这些潜移默化的心理信号，就导致了早认没有价值，早认还不如晚认的心理预期。

这个预期导致了嫌疑人不想早认，这是教育转化工作不好做的根本原因，他们不想跟说话不算数的人浪费口舌。

某种意义上来说，这甚至是理性的，要找就找说话算数的人。

辩护人也有这种心态，即使在嫌疑人认罪认罚的情况下，还是找各种理由不签署具结书。有的说没时间，有的说不同意指控意见。

虽然辩护人签署具结书只是证明在场的作用，并不代表同意指控意见，但还是有律师不愿意来。

这里可能有误解，但也有博弈心理在。

嫌疑人虽然表明认罪认罚的态度，但对辩护人不来签署具结书也并不是十分在意，好像获得从宽的人不是他。

这种对认罪认罚漫不经心的态度其实是博弈心理在起作用，他不是对自己的刑期满不在乎，对从不从宽无所谓，他只是对在审查起诉阶段达成的认罪认罚是否是最优选择不确定。

同监室中那些早认了罪，却被加重处罚的人，会让他心存疑虑。

打消这种博弈心理，并非一朝一夕能完成的。

首先，要通过提高量刑建议采纳率的方式，提高司法机关的公信力，以获得嫌疑人的信任，让他们确信早认罪认罚可以早从宽，而不是早倒霉，这个信号同样也要明确。

其次，量刑建议的折扣梯度必须尽量明确，通过规范性文件、宣传片、宣传手册、指导案例等方式，把精神传达到嫌疑人，让他们看到早认罪认罚的真实效果。当然，这个效果必须以量刑建议的采纳为前提，否则只是"忽悠人"。

再次，不要过于追求认罪认罚的环节提早，对于疑虑比较多、持观望态度的嫌疑人，在做了适当工作后没有效果的，要果断放弃认罪认罚的希望，以强有力的出庭工作让其认清现实，在法庭上认罪认罚。这样，虽然诉讼成本没有节约太多，但是效果也一样有意义，而且同样可以避免程序反复。这是通过"以审判为中心"实现的认罪认罚。

最后，在对辩护人的态度上，要开放而坚定。嫌疑人认罪认罚，辩护人积极沟通，我们欢迎。还有一些是嫌疑人表明认罪认罚态度，但是辩护人不积极配合的，应该要求嫌疑人主动与辩护人沟通，主动与检察机关联系签署具结书事宜。根据刑事诉讼法规定，除了几种特殊的情况，还是要坚持签署具结书。没有具结书，审前认罪认罚的工作就没有完成。在法庭上仍然可以就认罪认罚进行确认，但是从宽折扣就不一样了。嫌疑人如果真的在意这个折扣差异，他会主动与辩护人联系签署具结书事宜的。也就是说，只要他想让辩护人签具结书，还是可以做到的，因为他有更换辩护人的权利。问题是，他对这个折扣差异可能根本就不在意，或者也不确定。

认罪认罚虽然没有禁区，但也不应该是非做不可的，这也是对自愿性的尊重。在认罪认罚逐步走上正轨之后，应该保持一种理性平和的心态。认罪认罚不是求，它是一种权利，也是一次机会，是需要嫌疑人、被告人把握的一次可能获得从宽的机会。这个机会不是永远都有的，不是非给出去不可的。当然这个机会也一定是相对靠谱的，是通过量刑建议的采纳一般都能够实现的。

正因为机会有时候不等人，才值得把握和追求，才让人懂得珍惜。

我们也一定要明白，在法庭上认罪认罚，也是认罪认罚，这对于认罪认罚的真正价值并没有太多的减损。而且有的人就是要证据都摆出来时才能够认罪认罚，因此在环节方面我们要保持开放的态度。

与之相对应，在量刑建议从宽梯度上要保持坚决的态度。既要让早认罪认罚的人知道可以获得从宽，更要确保他们能够获得更大幅度的从宽。对于晚认罪认罚的，也同样要让他们知道从宽的幅度有限，而且要确保这个从宽幅度的有限。

如果从宽的梯度搞乱了，对嫌疑人造成的预期混乱是不可想象的。如果越是晚认罪反而越能从宽，那对嫌疑人的心态会造成什么样的影响？对于这种量刑梯度混乱的局面，检察机关应该发挥好法律监督的作用。

这种梯度秩序维系了认罪认罚的公平性，早认罪认罚更从宽，晚认罪认罚少从宽，不认罪认罚不从宽，无罪的人可以得到充分的程序保障，这就是认罪认罚的基本秩序。嫌疑人、被告人和司法机关都按照这个秩序运转，心理博弈就会减少很多，认罪认罚的工作才会真正顺畅起来。

因为只有不勉强、不迁就、不妥协，才会让嫌疑人真正认清认罪认罚的本质，真正珍惜认罪认罚的机会。

因此，理性平和反而更有利于认罪认罚工作的实质性推进。

认罪认罚的规模与结构

经济在达到一定规模之后，一定要考虑结构问题，才能够实现升级。

司法也一样，比如认罪认罚，适用率达到 80% 之后，就一定要考虑结构。这个时候再比多几个百分点的适用率已经没有太大的意义了。

首先，空间不大，最多也就是 100% 到头了，而且从省级的范围看，这几乎是不可能的。

其次，肯定会有一些不认罪的人，也有一些证据不好根本就起诉不了的案件，还有一些就是不构成犯罪的案件，这些嫌疑人是不可能做认罪认罚的。

再次，每个地区的犯罪结构不同，大城市的经济犯罪、新类型的犯罪、疑难复杂的案件多一些，这些案件认罪认罚的难度就大一点，可能性就小一点。这种犯罪结构就决定了，每个地区能够做认罪认罚的天花板是不一样的，这个时候单纯地比适用率就没有太多的意义，也不符合实际情况。

就像钢产量达到世界第一时候，我们还要看钢材的质量，特种钢的占比。如果我们虽然产量达到了第一，但是还要从国外进口特种钢材，或者说我们的标号不过硬，特别重要的建筑、桥梁，还是需要进口高质量钢材，那这个第一的意义有多大？

回到认罪认罚，就好比说，虽然适用率比较高，但是上诉率也比较高，确定刑的提出率和采纳率比较低，这个适用率可能就是一种低水平的适用率。如果同时问题案件还比较多，办案效果也不好，舆情案件、问题案件经常出现的话，那这个适用率就更要打个问号了。

通过两年多来的推进工作，认罪认罚适用规模的任务已经基本完成，不能再用线性思维考虑问题了，不能只认适用率一个指标了。案件数据通报、数据管理评价部门也不能再用这唯一的因素考量问题了。

有的地区案件类型就是相对简单，适用率就是可以更高一些。有些地区案件复杂，新型疑难案件多，适用率就相对低一些。所以很难说85%就一定比80%厉害，这是不一定的。

而且在适用的过程中，还有一个层层施压导致的动作变形的问题。比如上面最高要求70%，省里就要求80%，市里县里就要求90%。这时候，有没有以过低的量刑建议甚至不起诉换取认罪认罚适用率的现象？对于那些"过低压价"的犯罪嫌疑人的迁就，虽然可以换取短期适用率的提高，但对于长期的司法公信力是否有好处？是不是有追求短期行为的问题？

这些很难直接通过一项数据看出来，但是可以通过综合分析数据以及深入调研了解发现。这些适用率虽然高一些，但是含金量并不高，就像有些基层检察官说的：并不属实。

在完成基本指标后，重点就不应该继续放在适用率上了，而应该放在结构和质量上。也就是说同样是认罪认罚，不仅要看给多少人做了认罪认罚，还要看给什么样的案件做的认罪认罚，以及效率和效果怎么样。

1. 重大复杂疑难案件的占比

在办理职务犯罪案件的时候就讲究了大要案占比，也就是不能光比案件数，还要考虑案件的分量，要有一个难度系数的考量。

认罪认罚也一样，不能光看干了多少好干的，还要看干了多少不好干的。这些重大复杂疑难案件做下来要比简单案件难度大多了，消耗的工作量也大，但是效果也明显多了，具有极强的示范效应。首先这表明认罪认罚是没有禁区的，真的没有罪名、刑期和案件类型的限制，给公众和其他嫌疑人传达了明确的信号。其次，这样广受关注的案件，甚至让一部分公众心存疑虑的案件也认罪认罚了，就进一步树立了对法治的信心，表明司法机关的公正性，这些案件本身就是最好的法制宣传。最后，这些案件如果不认罪认罚将会耗费巨大精力开展庭审工作，认罪认罚本身将极大降低庭审的不确定因素，避免负面舆情，这也节约了司法资源。

这些案件的认罪认罚工作能做下来，不仅体现了高超的教育转化技巧，更重要的是扎实的侦查和审查工作：手里必须有真东西，而且能够灵活运用刑事政策，是综合司法能力的体现，所以才具有含金量。虽然这些案件少，在适用率上占比不高，但是它的分量特别重。就像特种钢一样，它就代表了一定的技术含量，代表了一定的检察实力，也表明对认罪认罚从宽制度贯彻的彻底性。这与委曲求全提高几个认罪认罚适用率是完全不可同日而语的。为了更加具有可操作性，可以具体考虑以下几种案件的认罪认罚比率：普通程序；10年以上、无期以上、死刑案件；经济案件、职务犯罪案件、扫黑除恶案件、疫情案件等；同时还要考虑这些案件认罪认罚之后的上诉率。

2. 速裁案件的办案效率

3年以下案件占到全部案件八成，速裁案件也是认罪认罚案件的大头，它们是认罪认罚的重点领域。但是不应当满足于做了就完了，还应该考虑二次和三次繁简分流。速裁案件相对简易程序和普通程序的认罪认罚案件就是需要分流的对象，而在速裁案件中一年以下又是进一步需要分流的对象。

在这些二次和三次分流的案件中，就需要进一步提高办案效率，实现在效率上求极致。这样才能腾出手来做更为复杂案件的认罪认罚。目前，部分地区推行的48小时全流程结案速裁模式就是一种方式，也就是48小时从侦查到审判全办完，这将极大地提高办案效率。目前，有两种方式，一种是依托于公安执法办案中心，依靠公检法和值班律师办公地点的靠近，节约在途时间而实现。它必须有执法办案中心这种物理空间才行，很多地区目前是不具备的，但是由于建设执法办案中心是中央政法委推进的工作，应该是符合改革发展趋势的，所以也是大势所趋。另一种是利用远程办公技术，通过类似的紧凑办案衔接机制，利用远程技术解决在途时间问题，实现48小时云结案，特别适合疫情期间，也适合那些短期内无法建设执法办案中心的地区适用，适用的范围也比较广泛。其缺点就是缺少面对面接触的亲历性，这也是在推进过程中需要注意的。

速裁效率的提升了除了速度快，还要注意真正的效果。比如减少上诉率，上诉率高虽然有多种原因，但是多少还是反映了认罪认罚的工作没有那么到位。有些被告人是为了留所服刑，有些就是单纯的认罪认罚比较勉强。

至于留所服刑，也有轻罪羁押率高、实刑率高的原因，比如危险驾驶案件普遍性的羁押、实刑，是否符合作为最轻缓的罪名定位？这个问题在认罪认罚试点期间的报告中就已经提出来了，但是一直没有得到根本性的破解。

我认为，一个很重要的破解之道就是降低羁押率和实刑率，一方面可以极大地避免短期自由刑的负面作用；另一方面可以真正实现罪责刑相适应，也只有这样才能让认罪认罚的被告人心悦诚服。而且非羁押的被告人，能够更好地融入社会，从根本上避免了留所服刑的尴尬局面，同时降低了羁押场所的压力，可以说是多赢的局面。

现在的问题还是司法机关对取保候审的监管没有信心，担心影响诉讼效率。目前，最直接的解决方式就是引入电子手铐及相关配套制度，给取保候审加一道安全锁，也为以往一般都要受到羁押的被告人开了一个减压阀。在不羁押的情况下，一样可以确保随传随到，羁押减少但是效率和安全性不减。

通过这些配套措施的改革，才能真正提升认罪认罚的效果，从而降低认罪认罚案件的上诉率，提高认罪认罚认可度，减少后续程序反复。让大量的轻微案件能够真正快起来，效果好起来。

因此，速裁案件的平均办案时长、上诉率、非羁押率、非监禁刑率以及不起诉率都可以作为一种效率和效果目标参考。

3. 确定刑量刑建议的提出率和采纳率

以往的公诉案件，起诉只是一半活儿，量刑建议是另一半活儿。我们说量刑建议很大程度上指的是确定刑量刑建议，因为那种大幅度的量刑建议不能给嫌疑人、被告人带来明确的心理预期，并真正为审判减轻负担，所以和没提差不了太多。

这也是为什么两高三部的指导意见要求"一般应当提出确定刑量刑建议"的原因。

确定刑量刑建议也是认罪认罚适用率起来之后要重点推进的领域，是认罪认罚的2.0工程，相当程度地代表了认罪认罚的质量。

确定刑量刑建议的提出率某种意义上代表了我们的努力程度，而采纳率就代表了这种努力的含金量。

我们也不能将两者完全区分开，如果抛开提出率，只考虑采纳率，那无法衡量量刑建议的真正质量。因为简单的案件好提也容易采纳；同时提得越多越不好提，也就越不容易采纳，而且提得越多法院的意见可能也就越多，情绪性不采纳的概率也就越大。

如果提出率只有10%，采纳率即使是100%，可能也不如提出率是80%，采纳率只有80%的地区，这两个就不是一个量级。

应该具体地进行区分。目前来看，提出率还是一个基本规模，就相当于举重选手的杠铃重量，应该以10%为一个单位进行区分，划分为不同的量级。在同一量级上比较采纳率，这才是有意义的。

不仅仅是简单地看提出率和采纳率，还要看重大复杂疑难案件的占比，速裁、简易、普通案件的占比，从而判断其难度系数。

这些具体化的数据类型，就是规模之下的数据结构，通过结构可以进一步判断产品的质量、含金量和合理性，这也是更加细致的判断和分析方式。

从长远看，规模和结构的意义远远不限于认罪认罚工作，在各种司法工作领域、各个地区、各种行业都一定的意义，它体现为我们在不得已要用数字衡量社会科学问题时，对复杂性和不确定性的某种敬畏，以及对线性思维和形式主义的时刻提防。

认罪认罚的精髓

我们以前认为认罪认罚是以效率为主要目标的，现在我越来越觉得快只是其目的之一，但算不上主要目的。

我认为效果才是认罪认罚追求的终极价值，效率是效果的一部分，应该在效果这个大的框架下来理解、追求效率。

失去效果和质量的效率是没有意义的。

我们知道，有时候慢一点、稳一点，可以避免拉抽屉、走弯路，有时候慢一点反而是最快的，这就是快与慢的辩证法。

很多案件刚开始处理的时候很快，但是几年之后发现是冤假错案，然后一遍一遍地复查、纠错，你说这是快还是慢？

那时你再说，是领导让我快的，因为完成指标需要快。说这些都没用了——没有人会要求没有质量的快。

现在全国认罪认罚的适用率已经到了80%，再提高的空间可以说不大了，而且85%一定比80%好吗？也不见得。这还要看更为详细的数据，包括上诉率、确定刑提出率和采纳率、申诉率、追赃挽损率、大要案适用率、被害人满意率、审前羁押率、不起诉适用率、缓刑适用率、再犯率、犯罪指数下降率，等等。

这也不仅仅是数据的问题，还涉及每一个案件的具体办案效率，以及社会的观感，还有潜在的司法影响，这是一个综合的、长期的评价过程。

认罪认罚的下一步也一定不是适用率等简单指标数据的比拼了，一定会是综合办案效果的比拼，效率只是其中之一。

很多人以为搞认罪认罚了就必然能提高办案效率，因此刑检部门就可以少配几个人了。这种观点是脱离现实的。现实是，认罪认罚在轻罪，尤其是速裁案件中是可以提高一些效率，但在稍微复杂一点的案件中，就要耗费很多的时间和精力做教育转化工作。有时提讯都要达到四五次，同时还要听取被害人的意见，与辩护人进行量刑协商，甚至促成犯罪嫌疑人和被害人和解，这些都需要耗费巨大的工作量。

原来这类案件只要证据能定就直接起诉了，认罪还是不认罪我们并不需要纠结，现在就很在意这个问题了，而且还要做大量的追赃挽损以及化解矛盾的工作。以往这些活很多是法官干的，现在都是检察官干。你说能不累吗？

一旦碰到大案子，动辄数十名、上百名嫌疑人，想做到所有人都认罪认罚，并且还都不上诉，这个工程量有多大？这不是简单相加的问题，而是需要对案件有一个统一的把控，划分轻重层次，根据情节和退赃等悔罪表现，分别进行处理，在教育转化上还要结合案件的证据情况，各个击破。

而且这些工作不只审查起诉阶段的事，从侦查阶段，审查逮捕阶段就开始了，直到审判阶段，都要不断地开展工作。

即使到了庭审阶段，也还有翻供的可能，还要做好两手准备。遇到有侥幸心理，避重就轻的被告人，还要综合运用出庭策略，实现分化瓦解。

有些小案子，只要我们查微析疑，也会发现一些追捕追诉和诉讼监督的线索，包括社会综合治理的问题。对这些问题如果当作没看见，当然可以快一点，但是那样合适吗？是在完整履行检察职责吗？

如果指标迫使我们只管结案，不管这些工作，那一定是指标出了问题，不是司法官出了问题。

这样下来，可以说效率并没有提高，甚至耗费的精力更多，需要的时间更长，但因为效果比较好，司法官也比较踏实，这一切又都是值得的了。

有些案件就没有上诉了，那后续二审、重审的环节就省却了。

这是通过检察官多做工作的方式，让整个诉讼流程的效率得到提高。从长期来看，由于案件办得踏实，在任何复查、评查中都可以经得起考验，承办人可以睡得着了。不会翻案，不会引起反复，这是一种更长远的效率，是"一个是一个"的效率。

在整个案件处理的过程中，效率还只是一个方面，通过案件的处理可以为被害人挽回最多的损失，而且被告人的真诚悔罪也多少可以给被害人以宽慰，这让公众感受到的效果也是绝对不一样的。

被告人可以心悦诚服地接受刑罚，也让公众对司法机关的公正有信心。

有些时候从一个案件深挖下去，可以查出一系列问题，看起来这个案子办得慢了，但相比于每个案件单独走一遍报案、初查、立案、侦查的流程，其实要快得多，这是以个案效率的降低来实现整体司法效率的提高。

如果为了提高自己的办案效率，连嫌疑人主动坦白的事实都不想查了，那还叫什么提高效率？说它是提高效率，嫌疑人都不同意。

让追捕追诉部门都懒得追的效率提高绝对不是真的效率提高，那只是糊弄事，是只管自己不管整体的司法本位主义。而且这样做的效果也不会好。

所以，效果才是最大的效率，才是真的有效率，必须从效果的角度理解效率，从整个刑事诉讼流程的角度来理解效率，才能把握认罪认罚的精髓。

认罪认罚的内生性动力

认罪认罚工作实现了长足进步,适用率达到了 80% 以上,这容易让我们产生错觉,就好像这一切都是自然而然发生的。实际上是行政杠杆发挥了巨大的作用。

但现在行政杠杆已经呈现出了边际递减效应,杠杆力度再大适用率也很难提高太多。

而且行政杠杆所付出的行政成本是非常高的,是无法长期为继的。此外,行政杠杆还有随着管理层注意力的转移而转移的风险。

如果对行政杠杆过度依赖,一旦这个杠杆撤掉,就有可能使一个地区的认罪认罚工作效果发生断崖式下降。

从未来看,认罪认罚工作终究还是要体现它的自然状态。想让它自发、持续地往前走,就必须寻找到一些内生性动力。

让检察官不是因为行政命令、数据指标才做认罪认罚工作,而是发自内心地想做。

这就要从人性的角度考虑一些工作安排。

1. 以减负对冲增加的工作负担

谁不承认认罪认罚是给检察官增加负担的,谁就是在脱离实际。

说认罪认罚能够提高效率,节约成本,主要是从刑事诉讼流程全局来说的,这是通过检察官的多付出,为法官减负,为整个诉讼流程提高效率。

检察官因此增加的工作负荷,也必须要认真对待。

这个负荷主要体现在教育转化方面和量刑建议精确化方面。尤其是量刑建议,它绝不仅仅是算数问题，它是对案件证据事实更加精细化的审视，是指控犯罪的另一半工程。

我们原来主要是一种粗线条的指控模式，主要是定罪，然后就是法定的量刑情节，那个时候无法通过确定刑量刑建议以定量的方式来评价案件有多难，对案件事实审查得有多细。

现在，认罪认罚给检察官增加了不小的负担，那就要通过减少一些其他负担的方式，让认罪认罚的工作不至于太烦琐。

最先实行的是 1 年以下的速裁案件不用撰写审查报告，3 年以下的可以表格化，也可以不写审查报告，后来逐渐理解为速裁案件都可以不写审查报告。所有认罪认罚案件都可以不再撰写三纲一词。

后来，基于捕诉一体，将审查逮捕和审查起诉的报告整合为一个审查报告模板，体现为捕诉两个环节得到了一体简化。

这种审查报告的简化是认罪认罚案件的特权，如果不是认罪认罚的案件，那就要把报告写得非常详细。

简化成为对认罪认罚工作的一种奖励，从而可以对冲掉对这项工作的额外付出。

这样才能让认罪认罚工作显得没有那么累，检察官在做认罪认罚的时候才能减轻心埋负担。

2. 塑造认罪认罚的利益激励体系

以往检察机关的激励体系，主要是围绕诉讼监督展开的，有诉讼监督线索并有实质工作成效的，就是好的案件。

但是现在的认罪认罚案件中，即使案结事了，全部认罪认罚，不上诉，追赃挽损数额很大，被害人也很满意，也很难被评为优秀的案件，往往就是一个普通的案件。

只有我们知道这背后的付出。让各方当事人都满意的案件，让几十上百名犯罪嫌疑人全部认罪认罚，其工作量有多大，社会效果有多突出，我们完全可以想象。

这些付出，这些效果，应该有一个说法。

因为司法从业者很多时候追求的不是多么高的收入，而是这份职业带来的荣

誉感。

因此，我们才创立了认罪认罚典型案例专刊，开始的时候标准松一点，差不多的都能发，慢慢再提高标准。重要的是能够一直坚持下去，在不到一年多的时间就刊发了一百一十多期。

可以说，每一个投稿过认罪认罚典型案例的检察官，都会有一种自豪感，因为自己的办案经验可以供大家分享，可以让同事们看见。

如果一个人或者一个单位发表得多了，其自信心就会增加，也会传导出一个信号，那就是认罪认罚从一开始就要走精品化的路线。

发表得越多，点击率越高，就说明越为同事所认可。所谓荣誉，也可以体现为同行的认可。这种认可也可以转化为继续办理认罪认罚精品案件的动力，这时没有发表过典型案例的人就会着急了，也会对认罪认罚案件的质量有所追求，这种追求的目的之一就是自己办的案子也可以刊发为典型案例，得到同行的认可。

这就形成了先富带后富，比学赶帮的效应。

尤其是在此基础上，又正式举行认罪认罚典型案例的评选活动，还设置现场汇报环节，让大家集中进行展示——展示更是典型的公开方式。通过汇报将一个案件的优势充分展示出来，也就是检察工作一种展示方式。

这些被评选出来的典型案例就可以成为一种示范，虽然不能说成是正式的指导案例，但其体现的认罪认罚工作的经验和方法，值得学习借鉴。

这种案例评选的方式可以产生两个方面的激励效果，一是入选案件的承办人会得到鼓励，可以在以后的工作中做得更好，多出精品案；二是让没有入选案件的承办人，有一种压力和动力，自己也不甘人后，从而让办理认罪认罚精品案的人越来越多，产生一种扩散效应。

这样的人越来越多，办理认罪认罚精品案就越会成为认罪认罚工作的趋势。具体到检察官个人，也许是为了获得奖励和认可，就愿意在认罪认罚上多花一些时间和精力，慢慢就会成为习惯。

这些被荣誉激励起来的习惯，就会成为认罪认罚不断追求卓越的内生性动力。

有了内生性动力，认罪认罚工作就不再是一种负担，而是对案件更加精细化的审查方式，更加注重效果的工作方式。这样，认罪认罚工作也就获得了源源不断的推动力，从而实现一种可持续发展。

认罪认罚并不是功利主义

认罪认罚与从宽并不是"一手交钱，一手交货"的关系，并不是只要认罪认罚就一定会获得从宽，或者如果从宽不了就不承认认罪认罚的态度。

《刑事诉讼法》第 15 条规定得非常明确："犯罪嫌疑人、被告人自愿如实供述自己的罪行，承认指控的犯罪事实，愿意接受处罚的，可以依法从宽处理。"

"自愿如实供述自己的罪行，承认指控的犯罪事实"就是认罪，"愿意接受处罚"就是认罚，两者合在一起就是认罪认罚，这是一个状态。对于这些人，法律的规定是"可以依法从宽处理"，这里用的是"可以"从宽，不是"应当"从宽，那自然就不是"必然"从宽。

因此认罪认罚与从宽之间是一种或然性的关系，并不是认罪认罚一定就会从宽，是否从宽要根据具体的情况来看。同样，这也就意味着即使从宽不了，也不会影响认罪认罚制度的适用。

我们原来经常把认罪认罚和从宽放在一起说，就以为两者是一种必然的关系，这是一种望文生义的错误。应该从立法的本意去理解认罪认罚的真实含义，而不是想当然地把它理解成我们习惯认为的那样。

非要将认罪认罚与从宽连在一起，甚至将无法从宽作为不能适用认罪认罚制度的理由，是一种司法的功利主义。

这就相当于认罪认罚制度就是"一手交钱，一手交货"：一手是认罪认罚，一手是从宽，两者是一种交换关系。这种理解是非常狭隘的，是部分司法官自身的功利主义思想在作祟。

认罪与认罚都是在鼓励嫌疑人、被告人发自内心地接受司法的裁决，坦白交代事实，坦然接受刑事惩罚。从宽是一种鼓励，但我们更加鼓励的是无条件的、自发的认罪认罚。

就像有些孩子说好好学习就要买礼物，有些孩子不用买礼物也可以好好学习。我们不能认为为了得到礼物而好好学习的孩子是好孩子，而自觉学习的孩子就不是好孩子吧？

我们本来就是想鼓励自觉自愿的学习，只不过很多孩子没有这么强的自觉性，所以才以买礼物的方式鼓励一下。谁不想有一个自觉自愿学习的孩子？只不过这种孩子比较少而已。这也恰恰表明了这种孩子的优秀，而且更值得鼓励和肯定。

认罪认罚也是一个道理，从宽就像一个礼物，因为礼物而认罪认罚，我们也承认，也允许适用认罪认罚制度。

而那些不管从不从宽，甚至肯定从宽不了，但是依然认罪认罚的嫌疑人，就相当于不用买礼物也能努力学习的孩子，怎么能不承认他们的态度呢？

不能因为买礼物才学习的孩子多，就认为不买礼物也学习的孩子不可能存在。一个真实的自觉学习的孩子站在你面前，你还要质疑人家的学习目的和动机？

就像那些即使处以极刑也认罪认罚的嫌疑人、被告人，我们的司法者给出的回应不是鼓励，而是质疑，认为这是"胡闹"。

他们知道自己的罪行深重，从宽不了，但还是认这个罚，你能说人家不是"愿意接受处罚"吗？

既然人家认罪也认罚，你又怎么能说人家不是认罪认罚？就因为从宽不了吗？

就因为从宽不了，与认罪认罚从宽连不到一块儿去，就不是认罪认罚了？

这显然违背认罪认罚之后从宽的或然性规定，法律明明写的是"可以"从宽，凭什么就一口咬定成了"一定"从宽？而且还"篡改"成：从宽不了就不承认是认罪认罚。这样公平吗？

这暴露了一种功利心理：既然不能从宽，那认罪认罚还有什么劲？

你认为没劲，但人家就是认为有劲，就是认，你又能怎么着？

你没有话可说，只能放下一句"胡闹"了事。

"胡闹"二字在以逻辑和严谨著称的法律行业当中，与理屈词穷无异。

说不出来别的，只能用"胡闹"二字宣泄态度。而这两个字恰恰体现了这些人的态度。他们没有认真地思考认罪认罚的法律本意和终极价值，只是固执于自己的偏见而不能自拔，也无力说理。

功利主义自有其根源，很多人做事，喜欢要结果，付出就一定要有回报，否则就不付出了；爱就一定要有回报，否则也就不再爱了；干工作一定要有回报，提拔进步无望，也就不再努力工作了；教育孩子，孩子就一定要学习好，考好中学、好大学，否则教育就没有意义了；给孩子一个教育项目的时候，一定要以学习成绩的提高为前提，跟学习成绩无关的一概不予考虑。

在这种功利主义的指导下，我们时时处处都在考虑付出与回报的关系，付出之后，回报少或者没有回报，就认为不值得；那些没有明显直观可见的回报的事情，就不值得付出，为这些事情付出就是愚蠢。

认为不以回报为目的的付出，就是"胡闹"。

别人周末都上辅导班，你周末带孩子爬山，那不是"胡闹"吗？

老师也会说，知不知道什么叫"小学三年级"？

别人都上课后延时班，就你们家孩子不上，这个家长不是"胡闹"吗？

我们确实没有上辅导班，但这并不是"胡闹"，我们只是想给孩子一点自己的时间，一点玩耍的时间，不想让他被学习填满，不想让他一周七天都上课，不想让他觉得当学生没什么意思。

我们只是希望在学习成绩之外，他也能快乐健康，成为正常的人。而且我们也不觉得爬山、玩耍对学习成绩没有直接帮助，就没有任何意义，因为与实际的生活和自然环境接触，也可以让他们更好地了解世界，让他有主动探索世界的欲望，以及能够保持终身学习的体魄和兴趣。

同样，谁说认罪认罚从宽不了就没有意义了？

认罪认罚、真诚悔罪肯定比不认罪不认罚对被害人及其家属的抚慰作用要大，对修复已经损害的社会关系的帮助也更大，对公众也是更好的安慰。

认罪认罚让那些事出有因的被告人能够展现出自己尚未泯灭的良知，能够证明自己不是天生的坏人，这一点对他的家人，尤其是后代也是极其重要的。在他做错事之后，还能给他的孩子树立一个最后的"榜样"，那就是做一个敢作敢当的人。这对他本人也是有意义的，对他的家人也是有意义的。人，不就是在为这些意义活着吗？

认罪认罚，让他可以把该说的话都说出来，让他可以更加平静地接受刑罚的处罚。即使是极刑的处罚，在走向终点的那一刻，他的内心也是平静的，他做了他能做的事。

面对一个敢作敢当的人，法警的态度、狱警的态度也是不一样的，这个人有可能获得更多的尊重，而这份尊重可以让他在等待极刑的时间内变得轻松一些。如果是自由刑，可以让别人高看他一眼，也能够获得更好的服刑环境。

这些感受到认罪认罚的司法善意的被告人，会怎么向狱友介绍认罪认罚？会怎么跟律师和家人评价认罪认罚？

明明是认罪认罚，只是由于无法从宽就不被承认、不被尊重的被告人，又会怎么通过他们的社交网络评价认罪认罚制度？

两者能一样吗？这怎么能说是没有意义的呢？

唯有善意才能激发善意，恶意只能激发恶意。

这个世界远比我们想象的要复杂得多，以上这些虽然不是从宽的实体结果，虽然都不是直接的刑罚结果意义上的从宽，但都在发挥着实实在在的作用，有些是精神意义上的，有些是现实意义上的，因为实际的刑罚远远不是宣告刑这么简单。

我们功利地计较着刑罚从宽的结果，实际上是一种简单主义和机械主义。

就像我们只是追求以分数为目标的教育一样。

此外，这里也还有一种道德优越感，就是我不仅可以剥夺从宽的结果，我还可以不承认认罪认罚的现实态度，也就是即使法律明确给予的尊重，我也可以不予理睬。

这是在法律审判之上，又来了一场道德审判。因为罪大恶极，所以我们就不再接受忏悔，在刑事指控之外，还要来一场道德谴责。

这不是法治思维，司法的功利主义说白了，就是司法的人治思维。

而这正是法治建设所要极力避免和全力破除的。

认罪认罚的下半场

全国认罪认罚适用率达到 80% 之后，就标志着认罪认罚工作进入了下半场。

如果说上半场是以规模为代表的话，那下半场应该是以质量为代表。

上半场的标志性指标是适用率，那下半场用什么样的指标来衡量和评价呢？

有人说是确定刑的提出率和采纳率，这两个指标一直在稳步提升，固然有一定的代表性。

但由于在上半场已经开始抓这个指标，而且目前已经提升到一个比较高的水平了，因此成长的空间不大，不具有鲜明的未来属性。

也有人说，就根本不应该考虑任何指标，就应该自然而然。这代表了一种理想化的期待，但是在大数据治理的今天，恐怕不用指标也不太好定量地衡量。上到宏观经济，下到疫情管理，不用数据指标好像是不太行的。

数据指标确实是一个有利的参考依据，而且关键是对指标的使用不能过于机械，不能唯指标化。

近期，高检院表示认罪认罚适用率超过 80% 的地区不再进行排名，这是一种好的姿态。

我个人认为衡量认罪认罚下半场的实质功效，重点要看不羁押率、不起诉率和上诉率这个三个指标。

1. 不羁押率

不仅是不捕率，还要包括不能采用刑拘直诉的方式进行羁押诉讼，也就是大幅度降低审前羁押率。即轻罪案件认罪认罚的原则上不羁押，重罪案件认罪认罚的有条件的也不羁押。

初步来看轻罪案件占到全部案件的80%，目前的认罪认罚适用率也在80%以上，按照这个不羁押原则，就有60%以上的嫌疑人可以实现不羁押。再加上一部分重罪案件的嫌疑人，也可以有条件地实现不羁押，这个审前不羁押率就可以达到60%～70%。

这就使不羁押成为主流，羁押成为例外。

这是一场破天荒的变革，并且正在通过杭州"非羁码"的创新使理想变为现实，为以前一直渴望破解的降低羁押率的老大难问题找到了解决思路。

以前不敢降低羁押率的最重要的问题是在本地没有固定工作和固定住所的流动人口。这里的固定工作，往往指的是在机关、事业单位、国有企业、大型民企等工作，从事其他工作往往都被认为是"没有固定工作"。固定住所往往被认为是自有住房，租房的人一般都被认为是"没有固定住所"。

这是一种不成文的标准，每个地方的理解程度有所差别，但大抵如此，从而导致构罪即捕，对外地人原则上进行羁押。

这么做主要的担心就是取保候审看不住人，没有约束机制，嫌疑人想跑就跑。跑的时候公安机关也不知道，跑了之后网上追逃成本高，而且耗费时日，会导致眼下的案件短期内无法进行下去，严重影响后续诉讼程序的进行。

所以检法在受理取保候审案件的时候，往往要当着送案人的面给嫌疑人打电话，打几次如果不接电话或者打不通，就直接不受理了。理由是不能保证到案。

既然如此，没有特殊情况的话，一般都要采取强制措施，常规的是报捕，每案必报。有些特别轻的就搞刑拘直诉，反正是羁押，不存在不到案的可能。

这样受理就不存在障碍了，后续的提讯、开庭也有了保障，想快就可以快起来了。

这也是为什么轻罪羁押率反而更高的原因，因为轻罪要提高效率，想快，只有羁押才能保证快。取保的话，一旦发生不到案的情况，就快不起来了，流转下去都费劲了。

重罪案件羁押率相对低是因为有一批证据不足的案件，这样就捕不了，只好取保了，所以反而羁押率却比轻罪低了。轻罪认罪率高，只要事实没问题，那原则上就都采取羁押措施。

这就形成了轻罪羁押率反而高于重罪羁押率的怪现状。

这一尴尬局面，有望通过"非羁码"得到一定程度的解决。通过这个类似于"健康码"的"非羁码"，对很多轻罪嫌疑人就可以按照类似于"健康码"的管理模式，在手机端进行管理。司法机关对其行踪进行实时的监控。从杭州的情况来看，经过大规模适用后，脱保率并没有明显提高。

目前，这一改革已经得到了高层关注，有望在更大的范围内推开。

"非羁码"一定程度上解决了取保不到案导致的失控问题，只要能够保证到案，承办人对羁押并没有特别强烈的偏好。

随着推行范围的扩大，适用情形的增加，对于那些罪行略重一些的嫌疑人，如果司法人员还有担心的话，还可以辅之以电子手铐等可穿戴监控设备，以确保其能够被 24 小时监控，不用担心嫌疑人不带手机的问题。

这些电子监控措施，可以极大地为降低轻罪羁押率铺平道路。

羁押率的大幅度降低也必然会降低短期自由刑的弊害，从而为嫌疑人接受认罪认罚创造更多的条件，赔偿、退赃退赔等也更容易做工作，这也有利于弥补被害人的损失，增强其对司法制度的信心，更有利于社会矛盾的修复。

轻罪羁押率的降低才是强制措施的比例原则正向应用的体现，也才能真正体现羁押措施的严厉性。这也让认罪认罚在实体从宽的基础上，真正实现了程序从宽，有利于非监禁刑的适用，也有利于轻罪犯罪人复归社会。

正是从这个意义上说，不羁押率应该成为认罪认罚下半场最重要的一个指标。

2. 不起诉率

不羁押率为认罪认罚的下半场开了一个好头，可以体现出认罪认罚在轻缓这个层面直观可见的变化。

但是即使不羁押，判处非监禁刑也仍然是刑罚。而刑罚是污名性的，会给嫌疑人终生带来污点，也会给家庭带来影响，甚至直接会影响子女的教育和就业。这也是刑罚的负面效应。

很多嫌疑人的犯罪行为确实非常轻微，比如酒后挪车，使用假证加油等。但是由于之前对刑事政策的把握相对机械，这些行为一般都要起诉，然后判刑。

在认罪认罚的上半场，主要是适用认罪认罚，量刑要精准，对起诉的必要性考虑得不多。

那下半场就应该对此予以充分的考虑，应该将其作为一个重要的衡量指标。

认罪认罚之后，只要能够不提起公诉的就要尽量不提起公诉，尽量避免给嫌疑人带来不必要的污点。

当然前提一定是认罪认罚，彻底地悔罪，赔偿到位，尽量达成和解。

在矛盾得到充分化解的情况下，对轻罪案件提起公诉的必要性就已经降低了。原来之所以要提起公诉，主要是由于以下两个方面的原因：

一是不起诉的程序烦琐，且被重点监控。承办人抱着多一事不如少一事的心态，那就尽量提起公诉。对此，应该改变以往的管理模式，简化审批流程，改变对不起诉一律复查的僵化模式，可以转变为有线索再复查的管理方式，从而在监管上给检察官适度松绑，在制度上给予信任。

二是不起诉的标准不明确。一方面可能造成不起诉的随意性；另一方面也造成了不起诉缺少依据，从而一律起诉的局面。因此应该对常用罪名制订一套不起诉的适用标准，或者像常用量刑指南一样，制作一套不起诉指南，为敢用善用不起诉权创造基础性条件。

不起诉不仅有利于降低前科人员数量，最大限度地使嫌疑人悔过、改过，也是为其创造一次重新开始的机会，有利于化消极力量为积极力量。这也是国家治理体系的一种容错表现。当然，这些原因也必须向被不起诉人讲明。司法虽然容错，但也不能老出错，如果再犯，原则上就要提起公诉，最大限度减少再犯可能，发挥认罪认罚在预防犯罪方面的功效。

3. 上诉率

羁押率的大幅度降低，有利于降低上诉率。

因为上诉的很大一部分理由是想留所服刑，既然不羁押，也就不存在留所服刑的问题了。

既然嫌疑人有正常工作可以作，具结书也是自己签，一般也就不会再去折腾。这与在看守所里老是想着出来转转的心理是不一样的。

上诉案件中很大程度上有反悔的一面，也就是无正当理由上诉。这也从一个侧面反映了被告人对认罪认罚的真实满意度。

如果对认罪认罚的量刑建议真的满意，判决也是这么判，正所谓"求仁得仁又何怨"？那一般就不应该上诉。

只要是上诉，那就多多少少还是有一点不满意，比如期望判缓刑，但判了实刑，希望再争取一下。即使在一个时期的形势政策下，判实刑没有问题，无正当理由上诉也或多或少地表明了当下的羁押率和监禁刑过高的问题。

还有我们经常提的留所服刑，一方面是刑罚执行制度不够完善，另一方面还是短期自由刑的固有弊端。

当然还有量刑建议精确化程度不高的原因，比如幅度刑量刑建议，我们觉得中线以下就不应该有什么问题了，但是很多嫌疑人能够接受的就是底线。

还有抗诉率低、撤抗率高、采抗率低的现象。有些不合理的上诉，由于检察机关并没有抗诉，那很多原来愿意接受刑罚的被告人，也会受到"激励"，哪怕采取试一试的态度也要上诉，因为上诉没有成本。也就是认罪认罚的违约没有成本。抗诉率低、撤抗率高、采抗率低这些都体现了对违约缺乏惩罚力度。

如果违约没有成本，那就相当于鼓励违约。因为违约至少还能带来一丝减刑的希望。

所以上诉率能够说明一系列的问题，它体现了被告人对认罪认罚的真实满意度，也体现了认罪认罚秩序的真实情况。

真实满意度应该是第一位的，也就是我们要从司法这个角度解决问题才是第一位的。

上诉率的下降不仅意味着随之而来的二审程序的节约，也从最大限度上体现了认罪认罚的实质功效。

也就是对认罪认罚的承诺是有效的，认罪认罚这个制度是靠谱的，而且是有效率的。这个正向的循环会不断持续，从而使认罪认罚产生牢固不破的公信力。

为什么不愿意用速裁程序？

同样是认罪认罚，有些人不是特别愿意用速裁程序，所以速裁程序的适用比例不高，繁简分流的效果没有充分体现出来。

为什么明明符合速裁条件的，却不愿意用速裁程序？

这主要有几个方面的原因：

一是制度激励不到位。有些地方对审查报告的简化力度不够，即使已经明确允许使用统一办案系统捕诉一体版审查报告，使速裁程序审查报告表格化，甚至允许极大程度上省略公诉环节的内容，但是很多地区仍然按照惯性办案，仍然没有在这个环节给承办人松绑。

这就导致速裁程序与简易程序所需要承担的工作负担没有大大的差异，只是极大地压缩了办案期限。与其如此，谁还愿意把自己逼得这么紧？那自然是多留下一些办案时限，这样会显得更加从容一些，也比较容易周转开。

也就是速裁程序如果只有压力没有收获的话，承办人是不愿意用的。这与旁观者的感觉可能并不一样，很多人以为认罪认罚和速裁程序只是求快，其实并不是。从人性角度看，在有指标的情况下，那我只要完成这个指标不就行了？为什么把自己逼得那么紧张？这是反人性的。

二是规模效应没有出来。不是专业的办案组或者办案机构办理速裁案件，速裁节约时间的效果就出不来，也不会琢磨怎么简化审查报告，甚至研究去审查报告的思路。因为没有这个压力，没有那么多案件压在你身上。所以就很容易本着尽心尽力的态度，把报告打得详细一点。

但是如果你一周收到20起案件，每年要办理500起速裁案件，那种感觉就绝对不一样了。那个时候，审查报告任何细微的精简对你都是巨大的福音。

这也是我们在试点期间就提出去审查报告的原因，因为专业化、集中度必然要催生与之适应的改革措施。

一旦习惯了快速阅卷、快速办案的节奏，你也会习惯对案件事实的快速归纳，对量刑建议的快速研判，甚至于和当事人的快速沟通。同时，由于有着这种专业的办案组织形态，还可以与公安、法院专门联系接洽，形成一体化的快速办理机制，打通一个案件快速流通的供应链体系。这是与偶尔为之完全不同的概念。

三是周期切换。如果一个司法官普通程序、简易程序、速裁程序全办，就会经常切换节奏，很多人往往就会把这种简单的案件当作一个喘息的时间，所以更不会把期限卡得那么死。

因为还有批捕案件还要办，这个时间是刚性的。如果既要办短周期的批捕案件，又要办短周期的速裁案件，那就不能从容思考普通程序的案件。

速裁案件往往会成为复杂案件陷入僵局、眼下有没有到期的批捕案子时，可以喘口气的案件。如果时间限定太紧，这口气就喘不匀。

四是教育转化需要时间。虽然是速裁案件，但同样有被告人、辩护人和值班律师，对量刑也有一个协商过程，而且这些速裁案件并不都像危险驾驶案件那样简单明了，也有一些略微复杂一点的。这样各方面沟通都需要一些时间。

这样的话，速裁的期限可能就不够用了，因为你不是在一段时间内只办一件案件，有时几十件案件同时开工，这就会有兼顾的问题。兼顾起来最害怕的就是那些短周期的案件，它们往往会影响整体的节奏，除非你负责的案件全都是这种短周期的。

我自己最多的时候就有 30 件案件同时在办，好在这些都是复杂一点的经济案件，周期都比较长，可以捣腾开。如果有一些短周期的案件也在这里折腾的话，我肯定会很难受，因为这会打乱我对复杂案件的思考节奏。

所以，所谓的速裁案件占比低，与重视不够和行政督促没有特别大的关系。快点慢点都是自己的节奏把握，这是一个良心活。这个节奏的加快，虽然可以从整体上提高诉讼效率，但是承办人自己往往对宏观数据并不感兴趣，他感兴趣的是自己可以获得什么样的制度激励，比如审查报告这种工作负担的减省。这样的话，通过专业化组织形成的规模效应可以进一步放大的这种精简效果。

这也是在降低司法成本，这个成本本质上就是司法官自己的时间成本，这个节约下来的时间成本一定要归属于检察官个人他才会得到激励。无论他将节约下来的时间用于学习、思考业务问题，还是就这么待一会儿，制度层面都不要去干涉。不要看不得人闲着，要尊重其通过提高效率赢得的时间支配权。如果因为他提高效率了，就要把节约下来的时间用各种工作再次填满，美其名曰是能者多劳，那这个激励就没有意义了。

比如有些地区在试点阶段可以省却审查报告，但正式入法后又要求撰写报告，这就会导致积极性的挫伤。

也有很多人担心，快了是不是不好，是不是没有必要这么快。确实不应该一味求快，但这不是我们不主动提高效率的理由，也不是不增加速裁案件占比的理由。

从刑事诉讼制度的发展来看，速裁程序就是一种**繁简分流机制**，它的目的就是要快的更快。快的更快不是慢也要快，不是案件有问题也要快，不是案件有线索不去查，不是萝卜快了不洗泥，而是在保证质量基础上的快。

但现在的问题是即使放慢速度也未必能保证质量，只是想拖着而已，所以仅仅放慢节奏并不能解决质量问题，因为我们都知道有多少侦查阶段的案件在逮捕之后，只是生生放了几个月再移送审查起诉。这个是慢了，但是什么都没做也没有意义啊。

相反，并不是说快了就少干活了，该审查的就没有审查了，而是说要加快节奏。这是因为有了工作流程减省的机制，有专业化、规模化的办案组织模式和诉讼衔接机制而已。这种快就是在保证质量基础之上的快，我们追求的是有质量的快，不是无质量的慢。

在该快的时候快，是为了在需要慢的时候可以毫无顾忌地慢下来，因为精力和时间是有限的，这就是质量与效率的辩证法。

认罪认罚的长期主义

认罪认罚入法以来，已经得到了普遍性的适用，这是当下的成果。

能够取得这样的成果，不仅是立法确认的功劳，行政杠杆的力量也是重要因素。

同为法律制度所确认的公益诉讼、庭审实质化等目前尚未有此明显之功效。

我们也要注意，认罪认罚是一个系统性的工程，不仅仅是适用率一个指标能够考量的，其余的指标还有羁押率，不起诉率，确定刑量刑建议的提出率、采纳率，速裁程序的适用占比，监禁刑率，上诉率，申诉率，等等。

它反映的是整个刑事诉讼流程全链条的质效，包括质量、效率和效果。

又因为目前适用率达到了 85% 这样的规模，所以评价认罪认罚整体质效就是在评价刑事诉讼的基本盘。

这个分量是十分重的，这份责任主要由检察官来承担，其负担也是十分重的。

背负刑事诉讼基本盘的重负，眼下很多时候是靠行政杠杆来支撑的。如果杠杆撤离，检察官是否还愿意耗费大量精力来多次提讯、量刑协商、听取各方意见、收集量刑细节证据、提出确定刑量刑建议，并与法官进行充分沟通，从而提高量刑建议的采纳率，并尽量降低上诉率？为了让案件的质量效果更完美，为了帮其他环节提高效率，检察官可能要耗费 180% 的工作量来完成一件案件。

目前为止，这种工作量的付出并没有额外的激励，并没有被换算为工作量从而增加检力资源配置，相反刑事检察人员还有不断减少的趋势。

我只怕这一切的付出很多时候都不是检察官自发、自愿完成的，我只怕没有了行政杠杆的支撑，会使认罪认罚制度出现大起大落的风险。

为此，我们必须系统地看待认罪认罚制度。它是刑事诉讼制度的一次重塑性变革，是事关全局的战略变革，应该予以全局性的重视。

同时，我们必须寻找认罪认罚适用的内生性动力，要让司法人员愿意适用这项制度，而不是单位愿意用、个人不愿意用，那样是无法坚持长久的。

有些地区经过长时间的适用，确实会让认罪认罚的意识融入办案人员的血液之中，对任何一起敏感的案件都会考虑能不能适用认罪认罚，因为这确实可以降低案件的不确定性风险，让棘手的案件不那么棘手。这的确可以极大地降低后续的工作量，避免程序的反复，也可以尽量避免产生冤错案件的风险。

对于简单的案件适用认罪认罚，不仅可以提高效率，而且可以通过简化工作文书，包括速裁案件的去审查报告化，让司法人员得到实惠，切实地减轻负担，让他们通过适用认罪认罚可以得到切实的收获感。

同时还要增强适用认罪认罚的荣誉感，编发大量的认罪认罚典型案例和指导案例，将妥善处理案件、化解矛盾、体现人性化的司法观念作为可兹褒奖的价值导向。让检察官在办理认罪认罚案件的过程中得到实实在在的成就感，将荣誉感的指挥棒从仅仅褒奖监督情形的发现，转变到对案件质效的真正衡量。让劳心费力的教育转化、沟通协商、精确化量刑建议变得有意义。

也就是让司法官自己觉得适用认罪认罚是有意义的，让他们自己愿意适用，甚至让侦查人员能够主动开展认罪认罚的教育转化工作，让早认罪的人可以得到制度性的更加从宽，让侦查人员关于更加从宽的建议发挥作用，让侦查人员觉得自己的付出是有意义的，并对其他的嫌疑人产生潜在影响，有利于侦查工作的顺利开展，从而形成一种良性循环。

这些比任何行政化的杠杆都更有价值，也更加持久。

这样，就连纳入统一办案系统中的认罪认罚和捕诉一体版的审查报告模板的生命力都会更加持久一些，这主要是因为调整模板是一件非常麻烦的事，没有人愿意经常做。

而只要不动，模板就能保持稳定，模板所蕴含的工作量简化的机能就会发生作用，就能产生潜移默化的内生性力量。

行政杠杆是外部力量，是要持续投入的，只要不投入就没有了。而一旦失去了外部的作用力，惰性的力量就会反弹。

除非，这些惰性被内生性的动力充分抵消掉，让司法官真的把认罪认罚作为自己的职业成就来追求，这样才会获得永恒的推动力量。

行政化的杠杆注定是要抽离的，因为这个杠杆所投入的行政关注度是一种稀缺资源，关注了这个就关注不了那个。一旦有新的项目需要关注，或者领导层兴趣减退，就注定会消减对认罪认罚的关注度，那个时候行政杠杆就不得不抽离了。

这是一个不可改变的规律。

与其突然抽离，不如慢慢抽离，逐渐地降低关注度，这也好过突然不关注产生断崖式的影响。当然，目前还没有发生杠杆抽离的苗头，而且还是在加杠杆的过程中，在这个过程中要特别注意边际效应。现在很多的数据已经逼近极限，比如适用率已经超过85%，这个数据是由低于85%的一半单位和高于85%的一半单位构成的。如果因为85%是平均值就将其定为最底线，就必然会迫使所有单位都高于85%，比如87%，89%，那样必然导致整体适用率的水涨船高。以此循环，将最终不断逼近100%，但这显然是既不可能，也不科学的。

而且在80%以上，每提高1个百分点都将是极为困难的，就会呈现一种边际递减效应，此时的收益和付出可能是不成正比的。还会因为过于关注不可能完成的适用率而导致动作变形，从而威胁案件的质量和实际的效果。这些效果一旦失去，甚至只是个别的顶包错案也将摧毁所有制度适用的效果。而质量和效果恰恰是最需要关注的。

所以，如果抽离杠杆应该从适用率开始，比如可以确定在70%～80%这种比较容易达到的水准，然后不断提高各个质量指标，精确化指标，让司法官能够在一个比较宽松的状态下完成规模任务，可以对有些不是真实认罪，不是真实认罚的嫌疑人说不。

在这种相对从容的状态下，才能最大限度地提高效率和质量，才能将案件真正办扎实。

想要认罪认罚制度持久地坚持下去，就必须要依靠内生性的动力，不断地去管理化，更加系统化地考虑问题，更加关注激励体系的制度设计。也就是顺应人性的规律才会真正持久，这就是认罪认罚需要坚持的长期主义。

第三章

审查与判断

认罪认罚是否存在投机心理？

答案很简单，肯定有，因为这里存在心理博弈。

接着需要回答的问题是：这与自愿性和真实性是否矛盾？我们需要怎么预防？

应该说两者的关系比较复杂，它们不是简单的线性关系，不是非黑即白的关系，并不是有投机心理就是一定没有自愿性和真实性。

完全可以是自愿、真实认罪之后，通过对认罪认罚制度的充分利用以获取最大的从宽利益，这就不是自愿、真实的问题，而是罪责刑能否相互适应的问题了。

当然也可以避重就轻，搞模糊性认罪，从而达到降低自己的主观罪过或者在共同犯罪中的作用的目的，但这就与事实存在冲突，是一种假认罪，以期骗取从宽的优惠待遇。

还有一种是替人顶罪以期获得好处，或者就是为了保护亲人免受处罚，就是顶包，这种直接一些。还有一些不是自己干的，但是证据指向自己，对公正司法缺乏足够的信心，在罪行比较轻缓的情况下，为了早日摆脱讼累，选择放弃抗争。

这些情况都有可能出现，都有可能根据具体的情况，具体的司法环境，具体的当事人不同而有所不同，都是嫌疑人复杂心理考量的结果。

所谓的真实性和自愿性都是经过复杂心理考量的结果，都不是直接的条件反射行为，这种投机心理不可能完全排除，也没有必要排除。

因为投机这种侥幸的心理几乎无处不在，自首的时候也可能存在投机心理，希望自己可以获得从轻，最好减轻处罚。投机心理本身就是对事物缺乏严密的思考、分析和推理，而采取侥幸的手段，并希望由此获得理想化效应的想法和行为。

这是一种趋利避害的本能：他出事了，你能让他不为自己考虑吗？

他的考虑包括很多方面，包括定罪的可能、不认罪的后果、不认罚的后果、检方对认罪认罚的迫切程度、认罪认罚之后法官的态度、上诉制度、留所服刑机制、强制措施、不起诉，等等。

你能说因为他考虑了这些，他的认罪认罚态度，就不是自愿、真实的？我倒认为，他的这些考量，反倒证明了他是一个理性人，证明他对认罪认罚是慎重的。

我们在衡量真实性、自愿性的问题上，更多的还是要看表现，而不是没有根据地揣测对方的内心。

首先，要看是否与本案的证据吻合，不是光有他自己承认就行了，还要看是否有证据支持，还要看他是否了解案件的细节。撒谎是容易的，但是要撒得有鼻子有眼，也不是所有人都能够做到的。而通过细节最能帮助分辨真伪。

其次，要看悔罪的态度，不是简单一个认罚态度了事，还要看退赃、赔偿能否及时到位，是不是尽了最大的努力。这些实际行动，比语言承诺、口头表态要重要得多，也实际得多。

再次，对于避重就轻的嫌疑人，应该要求其明确立场，让他在如实认罪和不认罪之间做选择，让他知道没有模糊的中间地带。

对于所谓的投机心理，既要旗帜鲜明，要求其明确态度和立场，又不能一棍子打死，过分苛责。我们能做的不是不让嫌疑人多想，而是尽量不让其非分的想法得逞，从而树立正面的引导机制。具体来说需要注意以下几个方面：

1. 避免过分从宽

嫌疑人普遍了解到检察机关有认罪认罚的指标压力，因此在从宽问题上有时候会狮子大张口，提出一些过分的要求。

这主要有两个心理：一是通过给检察机关施压，争取一个非常优惠的量刑折扣，就是一个过度还价效应。这其实是一种心理优势，就是我认罪认罚对你很重要，而你的量刑折扣对我没有那么重要，所以你更加迫切。在双方博弈的情况下，往往是更迫切的人先让步。这在谈判过程中经常发生，尤其是心理素质不好，过多流露出"想要"的态度，就容易被对方"拿住"了。

二是认罪认罚的含金量也没有那么高。一方面是法院采不采纳量刑建议不好说，毕竟有法官故意不采纳的情况；另一方面是量刑建议的约束力不高，只要法官同意，就可以在幅度之下再轻判。所以量刑这事儿主要还是看法院，对于检察官这边的建议，也不用太在意。

这两重心理决定了嫌疑人敢于还价，不仅要求大幅度从轻，还有减轻，有的甚至是缓刑或者不起诉。

实务中确实存在妥协的情况，这就会进一步助长嫌疑人的侥幸心理。多要一些折扣，完全没有风险。

这就需要对一些明显违背罪责刑相适应原则的嫌疑人说不，认罪认罚的谈判不是无止境的、无底线的，给一两次机会之后，如果谈不拢，就要及时拒绝。这个时候，嫌疑人反而有可能接受适当的量刑建议。这完全是一个心理博弈的过程。

这个过程来自于我们对认罪认罚的底线把握，也就是适度的强硬，还来自于量刑建议采纳率的不断提高给嫌疑人带来的心理预期，从而尽量抛弃幻想，回到理性协商的轨道上来。

2. 自己认罪认罚，律师无罪辩解

有不少检察官反映过这种情况，被告人认罪认罚，辩护人坚持无罪辩护意见：退，可以得到从宽的优惠待遇；进，可以享有无罪辩护可能带来的彻底解脱。

通过强调独立辩护权，为享有双重司法利益提供了程序保障。

有些地方认为这是被告人搞投机，从而否定了认罪认罚的适用，这显然是不合适的。

首先，这种情况下也不能认为被告人一定是在搞投机。我就了解到一个案件，一个运输毒品的案件，两个被告人原来都不认罪，一告经过教育转化认罪认罚了，但是庭审中的辩护人是指定辩护人（区别于看守所的值班律师），他没有参与到之前具结书的签署过程中，不认可运输毒品的定性，就拿了一个非法持有毒品的意见。即使在这种情况下，一告也坚持承认自己是运输毒品，而且坚决指证二告有罪，最后为整个案件的认定作出重要贡献。这种情况下，虽然被告人和辩护人关于认罪认罚的态度有分歧，但不能说被告人就一定有投机心理，这也有可能是非常真诚的态度。

其次，即使被告人就是搞投机，自己认罪，辩护人辩无罪，但只要其认罪认罚的态度坚决，就不能轻易否定。因为从刑事诉讼法上来讲，认罪认罚就是嫌疑人、被告人的态度，与辩护人没有关系。辩护人之所以要在具结书上签字，主要是见证这个过程的合法性和真实性，并不代表对指控意见的认可。反过来，即使辩护人对指控意见不认可，也并不影响认罪认罚态度的成立。成不成立，还是要看被告人自己的态度。只要他在法庭上没有避重就轻，或者利用辩护人的辩解模糊自己的认罪立场，那就是认罪认罚的态度，至于他内心到底是怎么想的，并不影响法律的判断。法律的判断还是要基于行为，即使是主观的态度也要从行为上来判断，因为真正的内心活动具有不可知性，任何的猜测都可能有不准确性。

3. 认罪认罚之后又上诉

认罪认罚之后，按照量刑建议判了，有的被告人也还是上诉，理由就是量刑过重。你问他你量刑建议不是你同意的吗，为什么还说量刑过重？

这理由就多了，有的说是为了留所服刑，就是不想去监狱。

余刑在 3 个月以上的罪犯要送监狱执行刑罚，这是刑事诉讼法的规定，你能说因为你的个人理由，为了舒服一点，就不遵守法律的规定了。这是一个拿不到台面的理由。

如果每个人都这么想的话，那么刑罚执行制度就被事实上废止了。但是看守所的容量是有限的，需要周转，而且送到监狱的目的是更好地改造，判处刑罚的目的不是说找个地方尽快挨过去就完了。这是一件非常严肃的事情。

为了个人的利益，无视向司法机关作出的庄严承诺，实际上是通过认罪认罚骗取了量刑折扣，又通过上诉破坏了认罪认罚制度所期望达到的诉讼效率提高和程序简化的效果。

对这样的被告人，应该坚决提出抗诉，通过抗诉找回不应再给予的量刑折扣。不能让投机者占便宜，让老实人吃亏，这是最基本的公正法则。

可能有些人觉得抗诉有点大动干戈，只要维持就行了。但是维持就意味通过欺骗获得的利益稳稳地到手了，这是一种鼓励投机的态度。

这种情况下，抗诉不是大动干戈，只是还事情的本来面貌，可以合法地把量刑恢复到不打折扣的状态。如果案件真有问题，抗诉也不会影响二审的判断，只是给出两种判断的可能性——而不是一种，这才是理性的态度。

所以，对待上述的投机心理，不必过于苛责，或者持诛心之论，认为只要想一想、权衡一下就是错的。这里的问题是你根本不知道他在想什么。我们判断的依据只有行为，舍此并无其他。事实上，行为也更能流露出人的真实意图。说什么固然重要，但更重要的还是看你做什么。

对待投机主义最适合的方式，就是通过否定其非分利益，通过还事情本来面貌，通过罚当其罪，让欺骗无法得逞并付出应有的代价，以此形成正确的导向。

因为投机的动力就来自于获得非分利益的可能，如果这个可能不断降低，并且要承担一定的风险，那么投机本身也就失去了意义。

认罚的真实性

如何审查认罪的真实性，我们相对比较熟悉。但如何判断认罚的真实性，确实是一个新课题。

认罚的真实性往往体现在对量刑建议的态度上，包括口头的认可以及书面的同意，归结起来就是签署具结书。

检察机关提出一个量刑建议，嫌疑人及其辩护人可能也提出他们的意见，最后协商确定了嫌疑人能够接受的量刑档次。如果接受不了，那就意味着认罪认罚没有完成。

我们往往以为书面确认，签订了具结书就意味着嫌疑人真正认了罚，但还是有一些人在开庭的时候变卦了，不再认罚了；还有一部分人，在法庭上也认，但判了又上诉，理由是量刑过重。

那到底签字的时候是认罚还是没认罚？我们如何来判断呢？

这需要一种换位思考，我们往往习惯于从自己的角度进行思考，在提出量刑建议的时候参考的是本地区的相似情况。我们认为自己提出的量刑建议是公允的，合理的，一般都应该接受。而且大体上也只能按照这个量刑建议来判。

这就使我们容易忽视案件本身，以及嫌疑人自身的一些特殊情况。我们更多地从一般情况考虑了，考虑的是平均值和一种大致趋势。

但是案件的情况是千差万别的，所谓的公正也不是宏观意义的，而是具体而微的，是当时当下的。

比如我们知道，由于疫情的原因，对轻罪案件减少了羁押，这并不是因为人性化的司法观念，而是因为看守所想尽量减少人员收入。

我们还知道，降低羁押率，增加非监禁刑也是大势所趋。本来就不应该羁押那么多，判那么多实刑，正赶上这个特殊的时期，反而是与趋势暗合了。

这个趋势不仅我们知道，经由媒体的宣传，嫌疑人也知道，而且他本来就在外面。

你的没羁押，不管是因为什么原因，给他带来的心理预期就是缓刑的可能性增加了。

如果你给了他一个量刑建议，没说是实刑还是缓刑，他一般就会以为是缓刑，但是他也不好意思问。这种情况下，你如果不解释，他就认为是缓刑，一旦判决实刑，那心理落差就非常大。

所以这种情况下对量刑建议的认可，就是一种误解，这是信息表达不充分造成的。如果明确跟他说是实刑，他就很可能不认可，就会表达出他真实的认罚意图和心理预期，那就是缓刑。所以不是签了具结书就代表认罚了，还要看他对罚的理解，他现在的羁押状态以及他对刑罚的真实预期。

如果我们设身处地考虑他们的这些想法，也是可以理解的。而且很多短期自由刑也要在看守所服刑，既然羁押不容易收，那短期自由刑也同样是增加负担，与其这样，再加上犯罪轻微化，刑罚轻缓化的趋势，更多地提出缓刑的量刑建议，也就更容易让人接受，也更加符合目前的实际情况，也与司法的发展趋势相吻合。

当然，也还有一些嫌疑人，即使你向他进行了详细解释：虽然现在是取保，但我们的建议还是实刑，他也表示同意，只是他会补充一句：但是我有病，医生说还要看病，而且还是非常不适合羁押的传染病。

这种情况下，虽然平常时期一般情况是判实刑，如果不考虑疫情，一般会羁押，也会判实刑。但是考虑到现实的情况，收押不了，而且他本身又有传染病，实刑的收监也难以落实，再加上从人道主义考虑，也不一定非要判实刑不可。

虽然，他嘴上说同意量刑建议，即使你解释了这是实刑，他也表示同意，并且也签字了，只是他补充的那一句"但是"，才是最关键的。

他说要看病，还说是医生说的，就暗含着看守所不具备这样的医疗条件。而且是医生说的，就意味着比较严重，不是自己故意找理由，是真的有问题。

这实际上是就是委婉地拒绝实刑的刑罚执行方式，就是没有真正认罚。

如果你问他，你的意思是不是以看病为由无法接受实刑的执行方式？他也会说是。你再问他，你是否接受量刑建议，是否认罚？他还会说是。

同样是"是"，但是我们要能够分辨哪些是真正的"是"，哪些只是表面的"是"。

他真实的动因无非就是既想争取一个从宽的结果，也想判处缓刑，以方便治疗。

显然为方便治疗的缓刑才是他的首要目标。

对于这种真实意图，有时候因为他没有聘请辩护人，只是值班律师提供法律帮助，没法帮他"翻译"得那么清楚，没有将他真实的意图以法律语言表达出来。

这就需要检察官从他的潜台词，从他的"但是"中挖掘出来。

有时候也不能说我们完全感觉不到他的不情愿。我们也知道什么是口服心不服。

有时候是我们争取了认罪认罚的量，而放弃了它的质。

毕竟具结书签下来了，也没有那么多的精力去考虑是不是发自内心的认罚，有没有什么难言之隐，未尽之意之类的。

在效率的巨大压力下就会放弃对效果的追求。

只要我们多问一下：你说的看病是不是不想被收监，是不是想判缓刑？你的病怎么样，医生怎么说？现在需要哪些治疗手段？

了解这些不得已之后，了解到刑罚轻缓化的趋势之后，即使以往判不了缓刑的案件，是不是也可以例外地尝试提出缓刑的量刑建议？

这个时候，嫌疑人说的"是"才是发自内心的是。

从现实角度来说，这个人也不可能被收进去，因为什么原因无法羁押的，就会因为什么原因不能收监执行刑罚，这就现实的特殊情况，也就是提出实刑也不具有可操作性。既然如此，那是何苦来呢？

从理想和现实的角度来说，都应该多倾听真实的声音，存一份了解之同情，在理性之外也要带着感情来理解这个真实的世界，才能做出恰如其分的决定，才能让人心服口服。

事实不清，何谈认罪认罚？

有人问，签订具结书之后，事实又发生变化，但是不影响定罪量刑，还有没有必要找嫌疑人再签一遍具结书呢？再找的话，又怕人家不认罪认罚了。

我想问的是，如果起诉之后，事实发生了变化，即使对定罪量刑没有影响，那起诉书是否要调整呢？你能够在起诉书不调整的情况下，就口头变更指控内容吗？

这个问题大家都比较清楚，因为指控是非常严肃的工作，指控的内容有任何变化，起诉书都要调整。而且最重要的是，起诉之前要非常认真地审查完证据，做到事实清楚、证据确实充分再提起公诉，不能轻易地起诉，轻易地变更起诉，这样很不严肃，而且程序上也十分折腾。

那我想说的是，认罪认罚也是非常严肃的一件事情。《刑事诉讼法》规定得非常清楚，嫌疑人是要对指控的事实进行承认，据此自愿接受处罚，这里也需要指控事实的确定。也就是要像撰写起诉书一样，指控事实确定之后再来签署具结书。

否则，多出来的几起事实在法庭上也是一种不确定的状态，如果被告人在法庭上不认这些事实，那整体上也不能叫认罪认罚。而且你以为多的事实不影响量刑，但法官并不一定这么看，这可能也会成为不采纳量刑建议的理由。那这些多出来的刑罚，就是被告人不愿意接受的。这样既可能不认罪，又可能不认罚的状况，就会使认罪认罚失去意义，也会影响检察机关的公信力。变成了一种认罪认罚的半成品。

以往的具结书只有罪名和量刑建议，确实容易产生类似的问题，对此我多次呼吁将指控的事实加在具结书里，现在统一办案系统1.5已经修改了具结书版本，明确要求叙写指控的事实，这个事实要与起诉书高度一致。当然并不是要求完全一致，因为毕竟起诉书是最后写的，允许有文字上的变化，但是实质内容不能有变化，更不能额外增加事实。

为什么具结书签了之后，事实会有变化呢？

这是因为具结书签得太早了，把具结书几乎当告权文书用，这是不合适的。个别的承办人在没有阅卷的情况下，就提讯，提讯的时候就带着具结书，只要嫌疑人认罪，肯在具结书上签字，就把字先签了。具结书签完之后再审查事实，最后发现还要再增加一些事实，就成了"事实的变化"，这个时候再找嫌疑人又怕人家觉得检察院出尔反尔，所以就想这样得了。还有的承办人签完之后发现证据完全不够，签完具结书之后又做法定不起诉或者存疑不起诉的，这样虽然并不能说完全违法，但也是不严肃的。

总之，就是在没有对事实确认之前就仓促地签订具结书才会有事实出入的隐患。这样看似节约了时间，将提讯工作和具结书签署工作一并完成，但会给后续带来极大的隐患，这就相当于活没干完，只是拿部分事实来做认罪认罚，还有部分没做，在法庭上再产生意见，就容易发生庭审的程序转换。这样就导致本来想节约的诉讼成本反而增加了，本来应该被采纳的量刑建议也没有被采纳，检察机关的公信力也受损了。本来被告人应该自愿接受处罚，案结事了的，结果还是要引发上诉，而且被告人对检察机关还有意见。他会辩解，公诉人指控的那些事实原来也没问过我啊，凭什么说我是认罪认罚？我认为这些事实不清楚，这些不清楚的事实我是不会认的。

所以认罪认罚的前提是事实清楚，这是最基本的。在这个最基本的前提确定后，才能开展工作。这就像大厦的基石，如果事实这个基础是不牢靠的，那最后所有的工作都是无用功，甚至负面作用还会大于正面作用。

这种工作方式是一种"糊弄事"的态度，也是一种司法的平庸主义，就是"差不多就得了"的心态，领导让我干活我就把活干了，表面上完成了就行了，对实质并没有追求。不追求更好的效果，最后连基本的效果都没有了，甚至是负面的效果。这损害的不仅是个人的公信力，还会损害司法机关的整体公信力。

我们应该将具结书看作与起诉书一样严肃和重要的文书，这不仅是嫌疑人的严肃认诺，也是检察机关的正式态度，也就是说指控意见就是指控意见，不会变来变去，这才是一种靠谱的态度。

这个靠谱的态度会倒逼我们认真审查。由于捕诉一体，这个审查从审查逮捕的时候就已经开始了，引导侦查补充完善证据也是从那个时候就开始了。等到移送审查起诉时，证据已经是完善过的了。那为什么已经审查过的证据，还会变来变去，一点儿谱都没有？这是不是暴露了我们在审查逮捕时的工作就不认真，该补充什么样的证据没有说清楚，才会在审查起诉阶段导致事实不断发生变化？这是不是说明，我们从一开始就没把事实搞清楚，而是想到起诉之前再一起搞清楚？

事实不靠谱的结果，不是一次不靠谱造成的，它的背后一定是一系列不靠谱的行为累积的，它反映的是一直以来的司法平庸主义。

在具结书上只是一次暴露而已，这种平庸主义已经变得无法掩盖了。所以此风不可继续助长，事实有变化的具结书坚决要求重新签订，虽然有不认罪的风险，虽然有出尔反尔的尴尬，但是有利于后续程序的稳定，这也是对前期审查不认真的一个教训。让他们永远记得事实基础的重要性，质量永远是效率的前提，工作应该做到前面，不要浪费捕诉一体形成的连续审查机制。

事实不清的情况下，就不要谈认罪认罚。

刑事违法性的实质考察

传统司法模式，还是主要关注"够"不"够"，也就是证据的充分性和法条的符合性。只要符合罪状的描述，主要是某个行为能够套入一个罪状描述，而人又没有抓错，就算大功告成，刑事诉讼程序就可以一直往前走，就不会错。

至于行为是否真的有社会危害性，是否真的符合刑法想要否定评价的内容，是否符合刑罚谦抑性原则，就在所不问了。

尤其是在嫌疑人也承认有罪，也自愿接受处罚的时候，那就更不会产生疑惑了，就感觉这是一个比较容易办的案子，可以将案件轻松脱手，轻松起诉、轻松审判、轻松定罪，而认罪认罚以及速裁程序又使定罪的效率提高。

在如此轻松快捷的诉讼流程中，谁还考虑那么多呢？就连嫌疑人、被告人自己都没有考虑，很多辩护人拿的都是有罪的意见，在这种情况下谁还会多想一步呢？这不是没事找事吗？

但是，检察官应该多想一步，因为这些问题到审判环节解决的话成本就太高了。

即使不应该作为犯罪评价的案件，法官也极少会引用但书的规定判决无罪，往往都是判决有罪，实报实销，或者顶多是定罪免刑。

对于那些捕后判定罪免刑的案件，好好检讨一下，很多也都有类似的问题。

在审判为中心的理念没有充分建立起来的时候，尤其是审判机关受的司法行政化束缚更大的情况下，是不能指望以无罪判决的方式来把握刑事政策的。这个时候，在审前已经获得主导地位的检察机关更有义务把握住刑事政策，也就是把握起诉必要性的关口。

这个必要性的把握很多时候就是通过对刑事违法性的实质性考察进行的。

认罪认罚和速裁程序对快速结案具有很大的诱惑力，从而让我们容易放弃对刑事违法性，也就是起诉必要性的考察。

就比如我之前一再提到的快递小哥案件，如果你非要说他是让他人为自己伪造证件，我承认这没有错，问我这符不符合伪造身份证件罪的要件，我也承认这是符合的。

但是光问这些是不够的，还要问他伪造身份证件的目的是什么，如果仅仅是为了加油送外卖，没有任何其他违法行为，我就认为不具有刑法意义上的社会危害性，没有达到刑事违法性的要求，不应该用刑法来评价。

即使这位快递小哥承认自己的罪行，甚至认可对自己的量刑建议签署了具结书，这也不能改变我对其刑事违法性的认识。即使辩护人也是有罪辩护的意见，我的观点也还是不会改变。

因为刑事违法性是一个很专业的问题，它不仅仅是"看起来够"，"看起来符合"罪状描述那么简单，很多时候是有司法解释进行了具体规定的，将某些行为排除在刑事评价之外，也就是对犯罪圈进行了必要的限缩，使一般性的违法行为与犯罪行为区别开来，以体现刑罚的谦抑性。

有些时候可能没有司法解释，但有不少案例就是这样判的，那一般可以参照执行，这也是进行类案参考的原因，也是对刑事政策把握导向的尊重。

还有一些案例本身就是新的，因此不可能有案例参考，更不会有已经明确的司法解释用以遵照执行，这个时候我们就要结合常识、常情和常理来判定其实质的刑事违法性，从而为以后的司法官建立示范。

快递小哥案就是这样一种情况，如果当时不及时将这个势头通过批量不起诉的方式制止，那这种方式就会蔓延。与其一起蔓延的还有机械执法的思维，《你办的不是案子，而是别人的人生》这篇文章不是在发感慨，其主要作用就是在阻止机械执法思维的蔓延。

对刑事违法性考察的目的，是对刑法终极目的的把握，也是对高水平社会治理的追求。

要分得尽量细一点，在适用刑法的时候要多掂量一点，这固然是司法人文主义的彰显，认真考虑刑罚对别人的人生可能造成的影响，对刑罚的负面效应保持高度警惕。

更重要的是对刑罚边际效应的清醒认识，不能轻易适用刑罚，否则刑罚就没用了。对社会的成员不要轻易地适用刑罚，否则融合、团结的目标就很难实现。对那些没有必要施以刑法评价的人适用了刑罚，就会破坏社会的公正性。因为这种必要性不仅是专业人士能够认识的，被告人本人、狱友以及亲友和社会公众都是可以认识得到的。

大家就会质疑：这个有必要吗？为什么更严重的不去打击，非要打击这个？在看守所和监狱里一比较就知道了，那样本来违法程度不高的人，就会觉得不值，就有可能引发"还不如干点真正违法犯罪的事，可能还不容易抓到"这种念头。

违法性越强的犯罪其实隐蔽性越强，犯罪黑数就高，犯罪分子就更不容易被抓到，这就产生了一种错误的引导作用。

本来没想真正犯罪，只是"犯错"却被当作犯罪打击了。而真正犯起罪来，反而打击不到了。因为打击的成本太高了，难度太大了。这种打击就成了对真正犯罪的"鼓励"。

在这些轻度违法行为也能够入罪，打击这些行为也能够完成侦查指标的情况下，谁还会有动力打击真正的犯罪行为？这不就成为对消极执法的"鼓励"了吗？

这种机械执法的刑事政策也是司法懒政，拣软柿子捏，找好干的活干。那些难活累活不愿意干，实际上就是对隐蔽性犯罪、对真正的犯罪者的放纵。

因此，机械执法是一种恶性循环，以牺牲普通人人生的方式来放纵真正的罪犯，是双重之恶，是最应该抵制的司法恶习。

目前最能够抵制这种恶习的，就是检察机关的不批捕权和不起诉权，这也是为什么近年来不批捕、不起诉数据不断提高的原因。但是目前的不批捕、不起诉主要还是集中在证据领域，主要是为了预防冤假错案。

那些违法事实存在，人也没有抓错的案件，并没有引起足够的重视，对相对不起诉的适用总体来说还比较有限。这既有害怕权力被滥用的担忧，也有机械执法观念的影响。对于"构罪了为什么还要不起诉"还没有清醒的认识，没有将刑事政策放在社会治理体系的大局中来考虑。

这是对刑事违法性的认识问题，也是一个专业性和政策性都很强的问题，需要从刑法的目的出发，从刑事案件的发展趋势和刑事政策的方向出发，从社会治理现代化的全局出发来考虑。

因为你办的不是案子，而是别人的人生，是公众的价值观，是国民对法治的期待。

从长远来看，无逮捕必要不批捕，相对不起诉以及情节显著轻微的法定不起诉将成为继正当防卫之后法治发展的新的增长点。

被害人的利益如何维护?

被害人的利益维护是一个很有深度的话题,而且一直都为我们所忽视。

为什么这么说呢?

这是因为嫌疑人、被告人往往会聘请辩护人,在特定情形下,还可以指定辩护人,从而与检察机关和审判机关构成等腰三角形结构,也是庭审的主角之一。而且由于庭审实质化的不断强化,庭审对抗的增加,同时伴随着律师队伍的逐渐强大,嫌疑人、被告人的权利已经获得了越来越多的关注。

所谓保障人权和人性化司法理念,针对的也主要是嫌疑人、被告人,他们的命运也关乎司法的公正性,所以也是刑事法治完善的重点。

与他们相比,被害人的力量相对薄弱。虽然部分被害人可以聘请诉讼代理人主张权利,也还是有相当多的被害人无力单独聘请律师;虽然被害人也享有不少诉讼权利,但是保护和落实的力度相对有限,还有不少庭审没有通知被害人到庭,导致被害人的利益无法得到充分保障。有些检察官在办理案件的过程中也没有听取被害人的意见,导致被害人对案件的处理很有意见。

被害人的声音很多是通过上访、舆情等渠道为社会所知悉的,这也体现了正常法律的权利救济途径的不畅。

虽然不少人经常拿被害人的利益说事,以此为放松证据要求和机械执法寻找口实,但这并不是被害人的错,只是被害人被人当枪使了。

很多贫苦的被害人因犯罪致贫,也存在嫌疑人、被告人有能力赔偿而拒不赔偿的情形。还有些案件侦查工作没有做好,最后成为夹生案,办不下去,只好对嫌疑人、被告人作除罪化处理,但是真凶是谁很可能就没了下文,那些缺失的证据侦查机关没有动力再去调取,那些抓捕真凶的线索无法再引起充分的重视。

除非被害人的身份具有特殊性，因此引起特别的关注，才有可能获得充分的司法资源。

是的，对被害人的保护程度与被害人的身份息息相关，虽然这有可能违背法律面前人人平等的原则，但是在司法机关工作过的人都知道，这就是现实。很多案件都要根据领导的重视程度来确定轻松缓急，来确定投入的侦查资源，而领导的重视程度自然与被害人的身份有直接的关系。除了身份，还有案件被社会关注的程度，这也是很重要的一个方面。

缺少这两个因素的其他案件，顺序自然要往后排：人手不足，时间精力没有保障，那案件的质量必然受到影响。

很多案子，我们都知道只要投入足够的警力资源和必要的侦查手段，都有可能在短时间内告破。但是侦查资源是有限的，你又让侦查机关如何分配？如果让你分配，你又能如何分配？

我们希望每一名被害人都会被给予特别的关注，我们希望他们的权利都能得到认真的对待，不管他们是什么样的身份，他们的案子是不是惊天大案。我们希望他们的案件能够及时抓获真凶，如果一次抓获不成功，我们希望能够无止境地全力抓捕下去。我们希望不管案件到什么阶段，需要补充什么材料，都能够有专人负责，不要耽搁，不要因为什么治安任务，或者其他刑事案件而耽搁，必须马上得到处理。

但显然这是一种非常理想化的期待。

司法资源也一样，侦查资源和侦查质量也一样存在明显的地域差异和城乡差异，但是我们要极力保证的就是基本的法治供给。

报警之后要有人管，不用通过非法手段，案件就能够得到正常推进，不会随便抓个人对付一下。但是案件能否得到优先办理，投入多少警力和资源，显然是有差距的。根据案件的影响力投入司法资源，也是一种市场化的资源配置机制，从而保证重要的案件得到优先的处理。

我们需要强调的就是这个优先配置机制，它不能过多地侵占普通配置机制，要保障普通配置机制的基本运行。就像财政再紧张，也要尽量将所有人都纳入社会保障体系当中，从而保障每个人基本的生存权、发展权和受教育权。对于司法资源而言也是这个道理。

据此，那种动辄举全院之力，不惜一切代价只办理某一个案件的时候，也要考虑其他普通案件也需要分得必要的资源，而不能把其他的资源都抽光。

同时，要充分利用现有的司法制度，为被害人争取一些利益。比如目前的认罪认罚制度，就将赔偿到位作为认罪悔罪的重要内容，从而作为从宽的依据，在提高司法效率的同时，为被害人也尽量地多争取一些赔偿和经济补偿。

目前这一制度已经在绝大多数刑事案件中推广开，自开展以来追赃挽损的效率就得到了极大的提高，毕竟嫌疑人、被告人只有通过从宽获得了实在的利益激励才会"动真格的"，而这也确实使被害人在经济上获得了实质的补偿。当然，狮子大张口的不合理的诉求是无法、也不应得到支持的。

我们也要看到，有些嫌疑人确实无力履行赔偿责任，但被害人的经济状况又很差，这个时候也可以申请进行一些司法救助，从而为被害人解决一些燃眉之急。这些都是检察机关可以开展的工作。

之前，对于这些和量刑有关的办案效果，检察机关在意的不多，主要是我们只是满足于定罪和粗线条的法定量刑情节认定，被害人的很多诉求大多数时候都只是量刑意义上的，并不会影响定罪，这就让我们容易忽略对这方面的关注。

求刑权是指控工作的另一个方面，很大程度上要考虑被害人的意见，以及嫌疑人、被告人对被害人的悔罪态度、实质的赔偿行为、达成谅解的情节等，这些不仅有利于提升案件的最终效果，而且实实在在地有利于被害人利益的维护。

这是我们需要在意的一个方面，因为维护被害人的合法权益才能保证矫正正义真正实现，受到损害的利益才能得到尽量的修复，这是指控工作的应有之义，也是认罪认罚工作的内容。

具结书应该写什么、可以写什么？

绝大多数认罪认罚案件都有具结书，具结书也承载了认罪认罚案件的很多核心内容，因此可以说具结书是认罪认罚的标志性文书。

认罪认罚是一项非常严肃的司法活动，使用具结书这种书面形式记载三方的确认意见也正是为了体现这种严肃性。

具结书对于认罪认罚而言几乎是书面要式，实践中，能够顺利签订具结书也成为推进认罪认罚工作的瓶颈。再加上对于具结书的内容、效力、完成方式又有着种种分歧，这些现实问题不断困扰着我们。

某种意义上，具结书就是打开认罪认罚的一把钥匙。对具结书的认识水平基本就代表了一个人对认罪认罚的认识水平。

1. 具结书是什么？

这就要先从具结说起，《现代汉语词典》中"具结"的释义就是旧时对官署提出表示负责的文件。实际上就是一种书面声明，保证对某些事情负责。比如出庭的时候，保证不做伪证，我们国家五十年代的证人出庭就用过具结书，现在普遍用的是保证书了。所以具结书也有书面保证的意思，与保证书几乎相同。但它的本质不是保证，而是负责，带有传统书面语称谓的同时又显得更正式了。

在非常正式的民事行为中，也会用到具结，比如跟不动产有关的文书。就有继承（受遗赠）不动产登记具结书和申请《房屋所有权证》遗失登记具结书。

这些都是非常庄严的承诺，对自己书面出具的文字内容负责，体现的是一种负责的态度。基于这个非常严肃的声明，官方才能确信这种重要民事行为意思表示的真实性。

刑事诉讼中除了认罪认罚之外，还有具结悔过，也有"具结"二字。

只要有具结，就一定有文书，这个大家一定要注意。具结的本意就是对书面声明负责，绝不是仅仅是口头声明，书面形式本身也是在传达一种正式性和严肃性。

刑事法律中有两处提到了"具结悔过"：一处是《刑法》第37条，"对于免除处罚的人可以责令具结悔过"，这是一种非刑罚处罚措施；另一处是《刑事诉讼法》第71条，是违反取保候审规定的后果，对于轻微一点的"可以责令具结悔过，重新缴纳保证金"，这是一种程序性处罚措施。两者都有一定的惩罚性，但本质上都是一种书面承诺，书面承认错误，并保证不再犯，如果再犯愿意接受处罚。这是具结功能的进一步延伸，将书面声明负责与悔过结合起来，因此才叫具结悔过。

上述这些具结都是单向性的，都是当事人向官方出具的，有些是主动出具的，有些是被责令出具的，总之都是个人对官方的一个单向度的负责声明。

但是认罪认罚的具结书对具结书的向度进行了很大的调整。不仅是犯罪嫌疑人向检察机关承认罪行，表示愿意接受量刑建议，实际上也是检察机关以书面形式向犯罪嫌疑人保证仅以具结书所列罪行和量刑建议进行指控，双方都会受到约束。同时还要有律师的见证。

这就使具结书的自下而上书面声明的属性发生了重大的转变，呈现一种平等的契约样式，并通过律师签字进一步强化了其现代诉讼程序保障的理念。

具结书这个词将传统中华法系的语言体系嫁接到现代司法环境之中，在旧有的严肃文雅形式中注入了现代法治的内涵。

因此，具结书既是犯罪嫌疑人认罪认罚的书面声明，也是检察机关照此指控的书面声明，两方在量刑问题上还可以商量，但是一旦签署就意味着对书面承诺负责，这也是具结的本意，之所以增加了律师见证的要求。目的是在缺少审判程序的情况下，最大限度地确保犯罪嫌疑人认罪认罚的真实性和自愿性，从而保证认罪认罚的公正性，这也为认罪认罚案件审判程序的精简提供了基础。也就是把活都干在前头，后面法官的审理就简化下来了。

2. 认罪方面怎么写?

具结书应该写清楚指控的内容和量刑建议的内容,这是认罪认罚的核心。

很多人将指控的内容仅仅理解为指控的罪名,这种观点受到了文书模板的影响,模板中这个地方的空也比较小,但模板都是电子版的,完全可以扩展内容。

我就遇到一个认罪认罚的案件,被告人对罪名不持异议,但是对打了几个人,是否打了死者,意见很大。这实际上就是不认可指控意见,而具结书没有记录指控的事实内容正是分歧的根源。

事实上,认事比认罪更具有实质意义,也更符合认罪认罚的本质。

没有事实的具结书就像没有执行内容的合同一样,是非常空洞的。

但是有人会说,审查起诉阶段没有完成起诉书,没有最终决定的指控事实,如何在具结书上体现?

我要问的是,如果你还没有明确要指控什么事实,那你让他认的又是什么呢?认罪可不是一个原则性的态度啊,它必须是对指控事实的具体认可。

即使这个时候起诉书没有写出来,事实没有定,也应该有一个案件的核心事实供犯罪嫌疑人确认。这个事实可以在文字上与起诉书有所出入,但这些出入一定不是实质上的。这样可以避免在法庭上再出现分歧,确保认罪认罚后续工作的顺畅进行。

3. 量刑建议怎么写?

认罪结束之后就是认罚了,主要就是量刑建议的问题。

这个问题两高三部的意见规定得很清楚:一般应当提出确定刑的量刑建议。

目的在于给犯罪嫌疑人确定的心理预期。认罪认罚本质上也就是通过降低刑事诉讼的不确定性从而提高效率。对量刑幅度的预期,尤其是幅度过大的预期,与法定刑无异,就相当于没有认罚这个环节。法官还得重新思考量刑,被告人的心态容易产生变化,因为很多时候心理的预期都是量刑幅度的底线。如果在底线之上判刑,就容易引发上诉,从而造成司法资源的浪费。因此量刑建议最好是确定的。

不仅是主刑确定，附加刑也要确定，刑罚的执行方式也要确定。

尤其是缓刑问题，比如冬天，这就涉及能不能回家过年。犯罪嫌疑人往往看得很重，但是检察官有时候会忽视这方面的内容。

如果你没有明说是不是缓刑，嫌疑人往往默认应该是缓刑，或者期待是缓刑，一旦判处实刑也会引起失望，这也是上诉的一个原因。

你要是明确和他谈不能缓刑只能实刑，他甚至就有可能不认罚了。因为你没和他谈的时候，他期待是缓刑，这就造成了信息不对称。因此刑罚执行方式也是认罚的一个重要内容。

以往检察官习惯于定罪，或者粗线条的法定量刑情节。殊不知，对于刑事案件来说，那只是一半的工作。量刑是另一半的工作，需要对案件精细化的把握和考量，通过量刑建议对犯罪嫌疑人的犯罪行为进行一个定量的评价。

这个评价往往是他们更加关心的。我们以前关心的诈骗与合同诈骗的区别，盗窃和诈骗的区别，对他们都没有太多实际意义。

接受什么样的惩罚，还要服刑多长时间，什么时候才能出去，才是犯罪嫌疑人最关心的，甚至也是公众最关心的。

4. 不起诉能否写到具结书当中？

在认罚的问题上，不起诉能否写到具结书当中也是大家十分关心的。

对于这个问题我多次表明态度，明确反对将不起诉写到具结书当中。因为不起诉不是罚。当然这里肯定不存在存疑或者法定不起诉的问题，因为这些问题的出现就说明已经不再是认罪认罚案件了。我们针对的都是相对不起诉。

但是相对不起诉也不是刑罚，这是显然的。因为定罪权在法院，没有定罪哪来的刑罚？不起诉不构成前科。不起诉的本质是不处罚的意思，没人会说情节显著轻微的无罪判决是刑罚，这两个本质是不一样的。不处罚就是不处罚，怎么会摇身一变，成了处罚？

既然不是处罚，也就不需要认罪。如果说不给我做不起诉，我就不认罚，那是在要求不处罚，明显是在不认罚，自然也就不属于认罪认罚了。

我并不是说认罪认罚就不能做不起诉了，相反"不起诉"的权力还应该用足用好。

我只是在强调，不起诉不能写到具结书之中作为书面承诺的内容，因为这背离了认罪认罚的本质，是将不处罚当作罚来对待，混淆了不罚与罚的区别。

对于那些不做不起诉就不签具结书的人，最好的方式就是别签了，不做认罪认罚了，让他们接受公正的审判，这样更加适合他们，过分的迁就和无原则的妥协将损害认罪认罚的严肃性。

写到具结书当中的还有一个问题，就是能否兑现。

你写上不起诉，犯罪嫌疑人和律师一签具结书，这个承诺就生效了。

我们知道，不起诉的管理越来越严，到时候要是兑现不了怎么办？

那就严重损害了检察机关的权威，变成"说话不算数"了，效果很不好。

因此，我的建议是还是要写上起诉之后的量刑建议，嫌疑人对这个量刑建议也要认。而我们基于嫌疑人发自内心的认罚和悔罪态度，综合考量案情可以作出相对不起诉的决定。

可以口头提及这种可能性，但是不能作出书面承诺。同时也不应受"除非不起诉，否则不认罚"这样态度的绑架，一旦表明这种态度，就说明嫌疑人认罚的真诚性存在严重的问题。而认罪认罚相对不起诉应该是对真诚的鼓励。

5. 其他认罚形式

两高三部的指导意见中，在考察认罚的内容时还提到了退赃退赔、赔偿损失、赔礼道歉等因素。

有些检察官也将这些内容直接纳入具结书之中，作为嫌疑人认罚的进一步书面承诺。

我是完全支持的，而且鼓励这样做。这对被害人也是一种交待。

被害人方面的态度虽然不是决定性的，但我们也不能完全忽略。

为什么有时候一提到认罪认罚被害人就恼火，感觉是检察官在为嫌疑人开脱？主要是被害人没有获得感。刑罚是一方面，但被害人也更在意经济赔偿，这对他们而言也更实际。

我们往往忽视了这个问题，没有把它作为量刑协商的重点。以后应该多在这个方面花一些力气，并且还要将嫌疑人在这方面的承诺落到纸面上，作为认罚的一部分内容来监督落实。在审判阶段要表明不履行书面承诺就不是认罚，不能按照认罪认罚享受量刑折扣的态度，并准备好不认罚的另一套量刑建议，促使被告人尽量赔偿到位。有的被告人害怕赔偿以后，认罪认罚的量刑折扣法院不一定认，所以希望判决之后再兑现，这个也可以理解。但是如果拖到判决之后还不履行，检察机关也不应当听之任之，而是应当提出抗诉，要求恢复其本来的刑罚。

这不仅是维护认罪认罚的严肃性，体现罪责刑相适应的原则，也是让被害人看到，司法机关不是不管他了。在指控的过程中要兼顾到被害人的利益，才能让认罪认罚的效果最大化。

除了退赃退赔、赔偿损失、赔礼道歉三种形式之外，后边还有个"等"字，如果与其相当的悔罪方式也可以纳入具结书之中，那就既增加了其他悔罪方式约束力，也是更加实质化地考察了认罚的态度，从而确保认罪认罚的真诚性。认罚不应仅仅是一个形式上的承诺，更应该体现在实际行动之中。

当然，在退赃退赔、赔偿损失等方面，还是要充分考虑嫌疑人的犯罪参与程度和经济承受能力，被害人的意见只是参考性的因素，也不能被不合理的赔偿诉求捆绑。

实践中，还有一些检察官将接受行政处罚的意见也纳入具结书之中，我认为在理论和实践中还需要进一步的研究，但是这种创新的意识值得鼓励。

必须承认，具结书还有很大的需要研究和探索的空间，只要在不违反认罪认罚和具结书的基本原则的前提下，可以大胆探索，为制度完善积累经验。

具结书的双向有效应

具结书不是合同，合同是甲乙双方都要签字，所以效力自然约束双方。

具结书只有嫌疑人一方签字，那是不是只对嫌疑人一方有约束力？是不是因为没有检察机关的盖章、公诉人的签字，对检察机关就完全没有约束力？

非也。

具结书确实只有嫌疑人签字，辩护人或者值班律师作为见证人签字，检察机关不盖章，公诉人不签字。但是具结书是哪来的呢？

是检察机关提供的，这是检察机关办案系统中的一个文书，根据办案系统的要求，从系统上生成具结书时还要自动生成条形码，这个条形码是和特定的案件相关联的。

最重要的是，具结书上所注明的量刑建议是检察机关提出的，而不是嫌疑人自己编的。而且这份文书，不是由嫌疑人或辩护人自行提交给法院的，是由检察机关提供给审判机关的，并在庭审中要审查确认其真实性和合法性。

虽然没有签字盖章，但是通过出具文本、提出量刑建议、提交法院等一系列行为，已经代表了检察机关不光认可了嫌疑人的认罪认罚态度，而且认罚的程度本身也代表了检察机关的意见，以及会按照具结书上注明的量刑建议幅度向法庭提出量刑建议的承诺。

这个承诺如果没有效力，那么嫌疑人的认罚承诺也就无可附着，所谓嫌疑人反悔也就无从谈起了。

因为这个悔是具体的，这个认罚是具体的。也就是说当初提出的量刑建议，而不是随便一个什么罚，或者怎么罚都行。

既然我们要求嫌疑人的承诺稳定，那就必须要求这个承诺的对价稳定。

因为这是一个合意，是一个共同的意思表示，不是单方面的要求。如果只要求一方信守诺言，另一方可以任意撕毁合意，那就违背了一般的公平性原则，会使承诺变得毫无意义。

因为你不能要求对一个人对一个不确定的、可以随意修改的标的达成一致意见，因为这没有任何预期的确定性可言。

这时这个认诺就变得毫无意义，如果一方可以随意反悔，则一方也就不必履行诚信的义务。那你俩干吗呢？

如果这个量刑建议可以随意修改，或者检察院干脆提出一个空白的量刑建议，那我为什么要承诺认罚？而且认的到底是哪个罚啊？

这个量刑建议不仅不可靠，还会被贬损其本身的严肃性。

因此，虽然没有签章，但是以检察机关的名义出具具结书文本这件事本身，就包含了检察机关作为司法机关的公信力，所以检察机关就不能出尔反尔。

出尔反尔就必将降低检察机关的公信力，从而影响下一次认罪认罚的可信性。

在这一次认罪认罚当中，由于调整具结书中的量刑建议，嫌疑人也就自动地失去了坚持认罚的诚信义务。他也可以合法地选择不认罚，因为当初达成一致的就不是这个罚，所以他的反悔也就不是反悔，而是对新的量刑建议的不认可，是对检察机关反悔的不认可。

目前，法律只要求被告人坚持认罚义务，如果擅自悔改，检察机关就可以提出不再从轻的量刑建议，并且可以坚持抗诉。对等来看，被告人至少有权坚持当初的从宽利益合法有效，即使调整量刑建议，如果没有合理理由，法院也不应当采纳新的量刑建议，仍然应当按照原有的量刑建议处刑。如果被告人未得到原有从宽刑罚幅度，被告人依法可以提出上诉，二审法院应当依法改判。

也就是要坚持具结书的双向约束力，而不是单向约束力被告人。

检察机关非因法定事由，非经法定程序不能随意调整量刑建议。

法定事由可以包括增加了犯罪事实和重要量刑情节，具体程序和条件应该纳入认罪认罚的制度当中。

其目的就是约束具结书的提出者和承诺者，就像约束合同双方一样，这才能营造顺畅有序、公正可信的司法环境，才让人信服司法的威信和效力。

我们还忽略了一点，那就是相当多的量刑建议调整并不是检察官的随意为之，而是基于法官的建议。比如：你这个量刑建议8个月轻了，至少一年半，等等。而检察官为了提高量刑建议的采纳率，不得已才会违心地修改原来的量刑建议。

既然是法官提出的量刑建议修改意见，就很容易被照单全收，这对于被告人来说，就有了一种被无视的感觉。那当初的具结书算什么呢？说好了的从宽处罚呢？

这时候，法庭上任何的争辩已经没有意义了，因为这个量刑建议是法官自己提的，甚至上诉也解决不了问题。最后只能抱怨检察官的量刑建议不靠谱，不可靠。

某种意义上，法官提高量刑建议的行为在一定程度上违背了控审分离原则，这在实践中创设了一个控方立场，具体来说就是加强了控方立场。这就像要求追诉漏罪漏犯，要求增加事实一样，法官对自己提出的追诉事实进行审理，让被告方无从辩护，成了欲加之罪。

所以，这些情况都一样违背了程序正义的原则，等于自己做了自己案件的法官。

检察官不敢不调整，因为他害怕法官不采纳量刑建议；但是调整了又丧失了审判监督权，即使认为法官的量刑过重不合理，但是毕竟是检察官自己调整的量刑建议，从而导致无法抗诉。而被告人知道这是法官的意见，一般也不敢反对，因为如果他当场反对，那最后判的刑罚可能更重，最多只能上诉。因为对调整后量刑建议的认可，此时的上诉就成了无正当理由的上诉，因此也很难得到二审法院的支持。

之所以会导致这样的结果，就是因为审判权是一种终局性的权力，它的不容置疑性和决定性导致了其权威的不可挑战性，但也正是因为其权力如此重要，才要求其谨守中立性和被动性原则，不能越界。

调整量刑建议的建议实际上就相当于一只主动干预指控的手，体现了立场倾斜的姿态，这是一种非常危险的姿态，它将导致以控审分离为基础的现代刑事诉讼制度的瓦解，是不可逾越的红线。

因此，对法官提出加重量刑建议的建议应该最大程度地予以限制，对刑事诉讼法中关于建议调整量刑建议的条款应该作限缩性解释，只能向下调整，不能向上调整。并且对调整建议提出的方式和流程应该规范。尽量避免随意调整，这是在维护司法机关自己的公信力。因为无信不立，法律如果不被信仰，那就会形同虚设。

辩护人拒绝签具结书还能否适用认罪认罚？

我的答案很明确，辩护人拒绝签具结书不影响认罪认罚的适用，因为辩护人没有对认罪认罚的一票否决权。

就好像辩护人做无罪辩护，也不会影响被告人自首的成立一样；辩护人的无罪辩护，既不会影响认罪的成立，也不会影响认罚的成立。既然如此，当然也就不会影响认罪认罚的成立。

辩护人是独立辩护，和嫌疑人、被告人自愿认罪认罚是两码事。

因为认罪认罚是嫌疑人、被告人的权利。

辩护人对案件有不同意见，可以就法律和证据问题向嫌疑人进行解释和说明，但是嫌疑人就是认罪，就是认罚，这也是拦不住的。而且是不是他干的，他本人最清楚。

同时，辩护人也应该将自己的意见向检察官阐明，如超过追诉时效、没有达到责任年龄、属于精神病人没有责任能力的，属于法定不能追诉事由的，如果查证属实，那确实会影响认罪认罚的适用。因为认罪认罚的前提是构成犯罪，负有刑事责任。

如果只是对证据有不同理解，虽然辩护人认为无罪，嫌疑人仍然认为自己有罪，检察官经审查也认为达到追诉标准的，仍然可以适用认罪认罚。

但是辩护人就是不来签具结书怎么办？

前面的文章也讲了，辩护人签具结书只是证明其到场了，不是表明其一定要认同指控意见。这里要对辩护人说两句，不要误解了签署具结书的功能，虽然有不同的辩护意见，该到场见证的还是要到场见证，只有这样才能最大限度地维护当事人的利益。

如果辩护人有不同意见，可以在具结书上证明，比如写上"到场见证全过程，嫌疑人真实自愿，但是辩护人认为本案属于无罪案件，坚持无罪辩护意见"，这都是可以的。

因为到场见证，提供法律咨询，这是辩护人的职责，应该到场拒不到场，就属于怠于履行辩护职责。

就像开庭一样，即使辩护人有不同意见，甚至对法官有看法，就可以不来出庭了吗？那肯定是不行的。

对于怠于履行辩护人职责的，检察官可以向律协和司法行政部门反映情况。

如果辩护人就是不来，那这个具结书是不是就签不了呢？认罪认罚这件事还能不能进行下去？

我个人认为，有两种方式破解这个难题：

一种是由值班律师到场见证签字，弥补辩护人怠于履行的辩护职责。当然，有的读者也会问，这是不是没有明确的依据？这确实没有那么明确的依据，法律帮助律师是在没有辩护人的情况下才提供法律帮助的。但是在本案这种情况下，嫌疑人虽然有辩护人，但是就不来，不就相当于没有辩护人吗？这个时候法律帮助律师提供帮助，是有利于被告人的扩张性解释，是一种合理解释。等两高三部指导意见再修改，能够将这种情况予以明确的话就更好了。

当然，由于法律解释毕竟不是十分明确，有的时候法律帮助律师可能也有一定的顾虑。这个时候就可以考虑第二种方案。

那就是不签具结书了。

根据《刑事诉讼法》第174条第2款的规定，犯罪嫌疑人认罪认罚，有下列情形之一的，不需要签署认罪认罚具结书：

（1）犯罪嫌疑人是盲、聋、哑人，或者尚未完全丧失辨认或者控制自己行为能力的精神病人的；

（2）未成年犯罪嫌疑人的法定代理人、辩护人对未成年人认罪认罚有异议的；

（3）其他不需要签署认罪认罚具结书的情形。

对于这个第（3）项中的其他不需要签署具结书的情形，一直也没有特别详细的规定，但显然应该具备相当性。

本案辩护人不来签具结书就是对认罪认罚有异议，就与第（2）项的意思是一样的，只不过第（2）项是未成年犯罪嫌疑人可以不签。

本文提及的犯罪嫌疑人是成年人，但是辩护人就是不来签，客观上造成了签署困难，也有一定的相当性，也可以考虑不签。

而这个第（2）项规定，又从另一个侧面证实了即使是未成年犯罪嫌疑人，在辩护人有异议的情况，也只是不签具结书而已，并不影响认罪认罚的适用。

对于成年犯罪嫌疑人的辩护人不来签具结书的，显然也更不应该影响认罪认罚的适用。因此，即使由于辩护人对签署功能的不理解，不履行到场见证的辩护职责，给认罪认罚工作造成了一定的困难，检察官也不能据此放弃认罪认罚工作。

如果放弃的话，就相当于让嫌疑人代为受过，这是不公平的。

这个时候，我认为就可以援引《刑事诉讼法》第 174 条第 2 款第（3）项之规定，不再签署具结书，与嫌疑人当面确认，记入笔录，有条件的话，最好使用执法记录仪，将认罪认罚的过程记录下来，刻成光盘，在起诉的时候同步提交法庭，同时向法庭说明辩护人拒不到场签署具结书的情况，供法庭审查确认。

具结书只是书面确认认罪认罚的文书，用以体现认罪认罚的严肃性，它发挥的是一种证明作用，目的在于方便法庭的审查。但具结书从来不是认罪认罚本身，从来不是非它不可，即使完全没有具结书，到法庭上现场认罪认罚也一样要适用认罪认罚的规定。

不管这个时候辩护人做什么样的辩护意见，都不会影响被告人认罪认罚的成立。

之前提到，具结书不能绑架辩护意见。同样具结书也不能绑架认罪认罚的适用，进一步说，辩护人也不能绑架当事人的认罪认罚。

不能因为辩护人想做无罪辩解，就剥夺被告人本该享有的认罪认罚以及从宽的权利。

辩护人的独立辩护是一项权利，但这项权利的行使不能以牺牲被告人的权利为代价。

有些辩护人对案件有不同看法，这是正常的，应该尊重。对认罪认罚制度有一些不同看法，也可以理解，允许有不同的认识，但前提是不能侵犯到嫌疑人、被告人的权利。

来签具结书不只是配合司法机关的工作，更是履行辩护职责，这与到庭履职是一样的，同样都是非常严肃和重要的工作。

就像拒不出席法庭，并不能导致庭审永远不能进行，虽然会带来麻烦，但案子还是会办下去。即使辩护人不来签具结书，认罪认罚工作也是可以完成的。

但是这种怠于履职的行为，在破坏诉讼正常进行的同时，对自己的执业发展也将带来负面影响，辩护人应该慎重对待。

认罪认罚工作需要多方面的配合协调，我们需要知道一点，参与认罪认罚工作并不是在"帮检察机关的忙"，认罪认罚也不单单是检察机关的事儿，或者只是检察机关的业绩，更不是给检察机关一个面子。

认罪认罚是经过4年试验性立法，正式纳入刑事诉讼法中的基本诉讼制度，既是当事人的权利，也是司法机关的职责，也同样是辩护人的职责，是促进刑事诉讼制度繁简分流，促进以审判为中心的诉讼制度改革落地、落实的重大诉讼制度安排。

认罪认罚不是可做不可做，愿意做就做、不愿意做就不做的事情；不是一个人做事，其他人叉着腰看笑话的事情；它是司法机关和诉讼参与人责无旁贷之事，是他们共同的法律责任。

认罪认罚是众人之事，法治不是一个人建成的。

具结书应由嫌疑人和辩护人各留存一份

按照目前的文书版本要求，具结书是一式两份，一份附卷、一份送人民法院，嫌疑人、辩护人或值班律师手里都没有，签完就完了。

这是为了避免两种情况：一种是避免具结书在提交法庭前被改动；另一种即使没有改动，嫌疑人也会认为有改动，而他手里又没有具结书，如果不送交法院，可能会因为记忆错误对认罪认罚的真实性产生误解。

具结书是认罪认罚最核心的文书，我们需要确保它的绝对真实性。这种确保需要一种制约机制。

合同有一种简单的制约机制，就是"各执一份"，这样就没有篡改的空间。

当然，具结书并不是合同，并不是平等的民事主体之间的合意。但是不要忘了，除了嫌疑人这一方的认诺之外，具结书也有记载公诉方指控主张的功能，也就是对这个罪和这个量刑建议的认罪认罚。认罪认罚一定是特定化的，不是随便定罪随便处罚的意思，这里也有合意的味道。所以认罪认罚的对象一定是特定的，而不能是对着空白的具结书签字，检察官回去想怎么填就怎么填。

如果公诉方修改了指控的意见，这个认罪认罚也就失去了效力，必须重新与嫌疑人一方协商。

一般而言，重要的法律文书都有一个多份送达及确认的机制，比如起诉书，在宣读完起诉书之后，法官一定要问被告人起诉书内容与其收到的是否一致。在确定一致之后，再进行下面的诉讼程序。

这是为了确保提起公诉之后，起诉书没有修改之外，也是给辩护人准备辩护的时间。起诉书要修改也是可以的，但必须以变更起诉或者补充起诉等方式再次进行书面送达，从而确保指控的意见为被告人正式知悉，并对此进行有针对性的准备。

这似乎与具结书不同，目前的具结书也没有指控的事实，只有罪名和量刑建议，好像嫌疑人、被告人也没有什么可准备的。即使发生了变动，那似乎只是认罪与不认罪的选择问题。这个选择不是也可以当场作出吗？

但是认罪与不认罪好像是两种完全不同的辩护策略，需要准备的内容不一样。比如原来起诉一个罪，现在变成两个罪；原来起诉一个轻罪，现在变成一个重罪。在这种情况下，除了这个罪认不认的问题，也要考虑如何辩护。当然，起诉书已经送达了，在起诉书送达之后，被告人就应该判断上面指控的是不是自己该认的罪。但是手里没有具结书，认罪认罚的时候里面写的是什么可能忘了，尤其是一些相似的或者复杂的罪名。这个时候被告人心中就会产生疑问：我当时认的是这个罪吗？这就会影响认罪认罚的坚定性。

然后就是量刑建议，起诉书有时候也包括量刑建议，但是因为被告人手里没有具结书，没法进行比对，可能也会产生疑惑。更多的是，起诉书中没有写，只是在量刑建议书里写明了，而量刑建议书嫌疑人也是没有的，这就更没有比对的空间了。也无法确定量刑建议是否修改了，这就容易将矛盾集中在法庭上，容易就认罪认罚时所提的量刑建议到底是什么内容产生分歧。只是被告人手里也没有当时所签的具结书，他也无法核实确认，只能根据记忆来，这就容易产生误解。

所以只要将具结书给嫌疑人、辩护人或值班律师留下一份，就可以解决很多的问题。这并不需要产生额外的送达负担，因为当时他正在签字，签好自己留下一份就可以了。

这就可以形成一种无形的确认机制和制约机制。

嫌疑人可以时时拿出具结书与起诉书进行比对，在开庭之前据此进行辩护准备，而不至于产生不必要的误解。

对法庭而言，对认罪认罚真实性的确认也会更为便捷，因为被告人、辩护人手里都拿着具结书，与检察机关提交的具结书一对比就知道了。

在这种情况下，这个确认机制又会成为制约机制，使检察机关在提出具结书的时候十分慎重，一定是在事实审查清楚、证据确实充分的情况下再提出具结书供嫌疑人签署。一旦签署，具结书就无法修改了，量刑建议也不能随便提了，空白的量刑建议等不规范的做法更是不可能了。这就构成了对司法行为的一种约束，也有利于认罪认罚行为的规范化，关键是可以约束不规范的行为发生。

为什么起诉书在发出之前要仔细校对？就是因为起诉书一旦发出，就会被送达到方方面面，就会受到方方面面的制约，一旦发生错误，就不可挽回。为什么合同要各执一份？因为法律行为也不能光靠人格担保。

只有制度才能保持长久的稳定性。

具结书一式两份就缺少了这么一个多方持有的副本，不利于形成确保文本稳定性的制约机制。

这个机制是如此的简单，我们可能觉得它可有可无。但它就是人类社会在实际运行中累积下的制度智慧，是通过最简单的方式来约束人的随意性，以最小的成本来保障公正性。

它的本质是就是以透明性和公开性保证司法公正，即使这个公开和透明只是在小范围内的，也好过没有。

同时它形成了一种发出就要负责的倒逼机制，迫使我们在签署具结书的时候，就要把案件事实和证据搞清楚，形成明确具体的指控意见和量刑建议，不能"先签了再说"。这其实就是认罪认罚的本质，是对已经形成的指控意见和量刑建议进行认诺，而不是对莫须有的罪名和不一定的量刑建议进行认可。

这也可以保障认罪认罚的严肃性，避免事后的分歧和程序的反复，从而真正提高效率，并有利于提高司法机关的公信力。

有时候文书及其操作方式的一小步，可能就是司法制度的一大步，因为司法制度的进步就需要这些实质的关键步骤，才不至于成为空中楼阁。

辩护意见是否影响具结书的效力？

有读者问：辩护人发表了与具结书不同的量刑辩护意见之后，有的法庭就视为被告人反悔了，不再属于认罪认罚了，对这种行为，应该怎么看？

我直觉上认为这是不合适的，因为辩护权毕竟具有独立性。但是这个问题，并没有那么简单，因此有必要作为专门一期讲一讲。

这个问题还要从具结书与辩护人的关系讲起。我之前也讲过，具结书是认罪认罚的标志性文书，除了嫌疑人要签字之外，一般还要有值班律师或者辩护人的签字。但我们仔细看《刑事诉讼法》第174条，其中的规定是"犯罪嫌疑人自愿认罪，同意量刑建议和程序适用的，应当在辩护人或者值班律师在场的情况下签署认罪认罚具结书。"法律规定的是"在场"，目的在于律师见证和随时可以提供帮助，"签字"并不是法律的要求。当然，两高三部的指导意见要求签字，实践中也一般都要签字，其目的在于通过"签字"的方式比较方便地证明"在场"。事实上，在疫情期间，很多案件是通过远程提讯的方式完成量刑建议的协商过程的，这个时候辩护人是通过视频的方式在场的，视频也可以发挥证明其在场的功能，与签字的效力具有同质性。

同时，《刑事诉讼法》第174条第2款还规定了盲聋哑人、尚未完全丧失辨认能力的精神病人，以及未成年犯罪嫌疑人的法定代理人、辩护人不同意等三种情况，在这些情况下，可以不用签定具结书。这时候，连具结书这个载体都没有，也就无法签字了。但是认罪认罚仍然可以开展，这个开展从立法目的来看，也需要值班律师和辩护人在场，因为这些犯罪嫌疑人更需要法律帮助。这个虽然没有书面的具结书，但还是需要口头确认认罪认罚，在这种确认和量刑建议的协商过程中，值班律师和辩护人发挥的就更是一种比较纯粹的"在场"的作用，因为没有书面文本可以签署。

因此，对《刑事诉讼法》174条"在场"的理解，应该是见证和帮助。"在场"的意思，绝不是在那待着，啥也不干。值班律师和辩护人应该根据自己的专业能力确保认罪认罚的自愿性和真实性，也就是真的认罪认罚，从而避免被胁迫或引诱，这是一层意思。另一层意思就是，根据犯罪嫌疑人的需要，随时可以提供法律咨询，比如量刑建议这个刑期合不合适，这就比较专业，嫌疑人一般就不好判断，他自己的期望也可能超越了法定范围，这个时候值班律师或辩护人就可以应嫌疑人的要求，或者主动提供咨询和建议。事实上，很多时候就是检察官、嫌疑人、值班律师或者辩护人三方一起在谈的，这是第二层意思。

但是"签字"的作用，主要是"见证"以及引申的认罪认罚自愿性和真实性的确认。"签字"并非是辩护方同意量刑建议的意思，因为这里毕竟还有一个独立辩护权的问题。

独立辩护权的意思就是说辩护人的意见，可以与嫌疑人、被告人不完全一致。当然这里也有一定的限度，此处不展开。

具结书是嫌疑人向检察机关出具的文书，也就是认罪认罚态度的书面形式，其中也有悔过之意。当然，指控意见和量刑建议是检察机关提出的，因此具结书体现了控诉方和嫌疑人的合意。

值班律师或辩护人虽然有"签字"，但目的不是对于指控意见和量刑建议的认可，而是在于见证，确保认罪认罚的真实性和合法性。因为所谓认罪认罚毕竟是嫌疑人——不是辩护人的事，辩护人更不需要悔过。

虽然很多时候，值班律师和辩护人对量刑建议也是认可的，也就是有三方合意，但是我们必须要知道，认罪认罚的达成只需要两方的合意，值班律师和辩护人的合意不是必需的。也就是即使辩护人不同意量刑建议，只要嫌疑人同意就可以，也属于认罪认罚。不能因为辩护人对量刑建议有不同意见，就否定嫌疑人的认罪认罚以及从宽的权利。因为是否犯罪以及犯罪的严重程度，只有行为人自己最清楚，旁人只是一种推理判断。虽然不一定同意量刑建议，但是只要辩护人到场见证，认可认罪认罚的自愿性、真实性，也就可以在具结书上签字。即使是因为不认可量刑建议而不签字，我认为只要承办人签字注明情况，嫌疑人签字认可，也可以证明辩护人在场的情况，如果条件允许的话，有执法记录仪记录更好。

也就是本质还是"在场"。事实上，根据《刑事诉讼法》第174条第2款的规定，即使有未成年人辩护人的反对，也不能否定认罪认罚的适用，只是无须签订具结书。

由此可见，"签字"不是辩护人认可量刑建议的意思表示，只是对自己"在场"的确认而已。

从这个意义上来说，辩护人的"签字"也就更不是辩护意见的捆绑。

辩护人可以在法庭上发表与具结书和量刑建议不一致的意见。

当然，这里并不建议为了标新立异，非要在法庭上发表不同意见。如果有不同意见，应该在签订具结书的时候就向嫌疑人进行解释，并代表嫌疑人的利益与检察机关尽量沟通，最好的策略应该是在具结书上就争取到最恰当的量刑建议，在法庭上进一步巩固这一立场。这样既能够最大程度地维护当事人的利益，也能够最大限度地提高诉讼效率，节约司法资源，这才是最有效的辩护策略。

但是实践中，总是有一些特殊情况。

第一种情况，值班律师与辩护人不是同一个人。这主要是指那些没有自行委托辩护人的情况。换一个人就换一种思路。值班律师与法律援助律师存在结构性的分立，这就导致分歧意见的增加。并非辩护人故意标新立异，只是从制度安排上，并没有让一名律师对一件案件从头跟到尾。因此，我建议可以借鉴一些地方的先进做法，实现值班律师和法律援助律师的一体化，一个人对嫌疑人提供法律帮助，见证签署具结书之后，就应该一直跟下去，这样也更了解情况，避免因为信息不对称导致的辩护意见变化，也有利于有效提供法律帮助，以及法律帮助待遇的提高和法律帮助律师积极性的提高。

第二种情况，嫌疑人有自己的辩护人，但是因为收费低，辩护人不过多地提供法律服务，也就是人称的"生活律师"。在签订具结书的时候，不愿意来履行"在场"职责。这个时候只好由值班律师履行"在场"职责。由于没有在场，因此对具结书签署情况不了解，在法庭上就有可能发表不同意见。当然，独立辩护是辩护人的权利，但是这不能作为辩护人怠于履行辩护职责的理由，该"在场"的时候不在场，应该由司法行政部门督促其履职。

第三种情况，就是辩护人履行了"在场"的职责，当时就表明了不同态度，但是嫌疑人坚决表示同意检察机关的量刑建议。相当于辩护人有保留意见，这个保留意见在法庭又发表出来，就显得与具结书不一致。

第四种情况，就是签具结书的辩护人也是认可量刑建议。但是到开庭的时候，辩护人又有了新的认识，改变了原来的意见，提出了新的辩护意见，这个辩护意见也就与具结书和量刑建议不一致。

无论哪一种情况，辩护人都有权利发表不同于具结书和量刑建议的辩护意见，而且这个辩护意见对具结书的效力不构成直接影响。因为正如前文分析，具结书的量刑建议并不需要辩护人的认可，辩护人的功能是在场、见证，而不是认可。

既然具结书并不涉及辩护人的辩护立场，那辩护立场自然也不影响具结书的效力。

归根结底，具结书是嫌疑人、被告人的意思表示，只要被告人继续认可这个具结书和量刑建议，辩护人的不同辩护意见，就改变不了具结书的效力，也当然不能算作被告人的反悔。人家本人就没反悔，继续认罪认罚，那当然还是认罪认罚。

比如前文提到的运输毒品的案件，两个被告人，二告认罪认罚，一告不认罪。但是在法庭上，二告的辩护人做了罪轻辩护，认为是非法持有毒品，不是运输毒品，在这种情况下，二告依然认罪认罚，而且法庭上还当庭指证一告的犯罪事实。法官都很感动，最后对二告适用了减轻处罚。

可见，辩护人的辩护意见，并不会对被告人的认罪认罚情节直接造成影响，只要他还认罪认罚，我们当然应该兑现从宽的承诺。

我也听说有的法院，因为辩护人提出不同于量刑建议的辩护意见，就当作被告人的反悔，直接否定了认罪认罚，这是不合适的。

但是，我们也要注意辩护意见可能对被告人产生的间接影响。因为辩护人毕竟是专业的，是被告人所信赖的。如果被告人因为辩护人的新立场而改变自己的态度，那就是另一回事了。比如，上面的那个毒品案件，如果辩护人一辩非法持有，被告人也跟着翻供说是非法持有，那不仅是认罚算不了，认罪都有可能算不了了。

如果因为辩护人辩护意见的改变，引起被告人认罪认罚立场的改变，那就属于反悔，不仅要转换更为复杂的审理程序，以前从宽量刑建议的具结书也将失去效力，也就要面临不再从宽的量刑建议和刑罚处罚。而这个苦果最终要由被告人承受。

这种情况应该不是辩护人希望看到的。因此，所谓独立的辩护立场也要从当事人利益角度做充分考虑，也不能只图自己爽快，还要充分考虑最终的连锁反应。

即使被告人没有改变立场，也要考虑到辩护人独立辩护意见对定罪量刑所可能产生的重要影响。即使被告人没有反悔，根据两高三部意见的规定，法庭发现有不宜做速裁程序或者简易程序审理的，也可以转换更为复杂的审理程序，从而确保公正审判。这也可以视为对独立辩护权的尊重。也就是说辩护意见虽然不至于对具结书产生实质性影响，但是对审理程序仍然可能产生实质性影响，可以为被告人争取更为充分的审理机会，这也是以审判为中心诉讼制度改革的应有之义。

因此，在确定认罪认罚辩护策略的时候，一定要充分考虑其复杂性。

法律帮助的"批量化"与"个别化"

"法律帮助"看似是一种边缘性的，甚至似是而非的概念，但由于认罪认罚的普遍化，其越来越成为中心议题，而且具有很强的扩张性，但其制度设计初衷仍然需要进一步辨析，制度机理和发展方向更有待深入研究。

我们在分析思考这一法律制度的同时还有机会窥见社会制度整体发展的端倪。

1. 法律帮助的演化

现在一提到"法律帮助"，一般指的都是认罪认罚案件中值班律师的工作。但这个概念一直可以追溯到 1996 年《刑事诉讼法》修改之后，当时侦查阶段虽然不能正式委托辩护人，但也可以委托律师了，所以那个时候"法律帮助"是对不完整辩护权的概括。

"法律帮助"这四个字正式写到《刑事诉讼法》中是 2012 年，当时为了定义强制医疗案件的被申请人没有委托诉讼代理人时，法院应当通知法律援助机构为其指派律师的工作性质，这个时候"法律帮助"指的就是诉讼代理人的工作。

而且这时"法律帮助"还有了"法律援助"的味道，这主要是强制医疗的被申请人由于认识能力的问题，其与作为法定法律援助范围的盲聋哑人以及尚未丧失辨认或控制能力的精神病人具有相当性，事实上其就是因为精神病发作才要被强制医疗。因此这些人的共同点就是认知弱势，如果不为他们提供公益性的法律帮助，他们无法为自己"辩护"，就相当于剥夺了其"辩护权"，为了保证诉讼程序的公正性，也为了避免冤假错案的发生，因此有必要为他们提供免费的辩护服务。当然，强制医疗案件中叫诉讼代理，但本质是一样的。

上面说的"法律帮助"都是一种个别化的帮助，都是一个对一个的，与法律援助的免费辩护的工作模式具有相似性。

只有强制医疗的法律帮助具有公益性，1996年之前，享有侦查阶段不完整的辩护权的是自己聘请的律师，后来刑事诉讼法完善之后，辩护权也延伸到侦查阶段，这个"法律帮助"也就自然发育为"辩护"了。所以这个"法律帮助"的概念具有笼统性，并不是因为有帮助就意味着免费，有时候只是不好概括法律服务的性质而已。

强制医疗的法律帮助虽然是纯帮助，但是量太小了，所以没有引起公众太多的注意。

真正引起注意的就是认罪认罚制度的推行，包括其前身速裁程序，从试点到法律实施，已经走过6个年头。根据现在的适用率，每年将有上百万人适用认罪认罚制度，而这些人只要没有聘请律师，都要由值班律师提供法律帮助。

法律帮助由此进入公众视野，虽然问题多多。

2. 批量化与个别化

最突出的问题是法律帮助的实质性不足，司法机关认为是值班律师的积极性发挥不够，当然经费保障也严重不足。有些地区付给值班律师的费用只有300元，却要为几十个人提供法律帮助，贫困地区的费用更低。其他方面的意见认为法律帮助的规范性依据过于简单，对于阅卷权、会见权、提出意见权没有详细的规定，导致无法得到充分落实。

这些问题都具有客观性，但是根源是什么呢？

我认为最本质的根源就在于目前认罪认罚领域的法律帮助模式，从设计之初就带有"批量化"的基因。

值班律师的意思，就是当值的那天我提供法律帮助，我不当值的时候就不提供法律帮助。当值那天为谁提供法律帮助，为多少人提供法律帮助，都具有不确定性。

由一个确定的律师，为不确定的人提供法律帮助就是"批量化"。

这就必然导致律师没法进行提前的准备：如果提前阅卷，那应该阅谁的卷呢？而且既然规定值班制度，那在值班之前也就没有提供法律帮助的义务，毕竟值班都是按天算的，并不是按月算的。律师也不愿意把所有的时间和精力都耗在这些案件上。

这就与强制医疗的法律帮助性质完全不一样，强制医疗的法律帮助本质上是诉讼代理人，工作的对象就是这个案件，时间自己掌握。当然报酬也是按件付酬。这与法律援助本质上是一样的，这就是个别化的帮助。这时，被指派律师的职责很清楚，就是为这个特定的人提供帮助，不管你把这种行为叫作"代理""辩护"还是"帮助"，它们的模式都是一样的，都是一对一的帮助。

只有一对一的个别化帮助，才会有一对一的投入，才会开展深度的工作，这样提前阅卷的准备和会见就变得有意义了，这些也是为出庭做准备，而这些所有的内容都是法律帮助的内容，不管我们把它叫什么。

当然这个案件的质量和成绩的归属也很清晰，比如这个案子最后做了不起诉或者无罪判决，也是律师的成绩，不会有任何争议。同样，这个案件最后提供的法律帮助没有发挥作用，指定律师也有自己的责任，也同样没有人可以分担。责权利很清晰，就比较好干活。

而"批量化"作业从本质上来说就不容易深入，一天下来几十个案子，阅卷都阅不完，会见也会见不完，所以你要求值班律师像辩护人一样开展完整的工作，是不现实的。

即使那些案子很简单，司法官也不是一天办结的。

如果想深入地或者说实质地开展法律帮助，不走"个别化"的路是走不通的，要想好好办案件，就得一个一个地办。

3. 个别化的问题

当然，"个别化"也有个别化的问题。

个别化的成本很高，按照法律援助的计算方式，是按件付酬的。根据通常的费用标准，从起诉到审判全流程下来大致每件在 4000 元左右。

值班律师按每天 300 元付酬，为 10 个案子提供法律帮助，也就是每件 30 元。

我们要求值班律师的实质化无非就是希望其辩护人化，把辩护人能做的工作尽量都做了。某种意义上就是希望通过 30 元购买的服务达到 4000 元的效果。

为什么不好做呢，问题就在这里，两者的收入相差了一百多倍，所以法律帮助的实质化是有成本的，需要在值班律师方面提高一百多倍的预算，我们能否做到？

设置值班律师的目的就是通过批量购买法律服务，降低成本，以保证一个基本的公正需求。制度设计者自然也知道值班律师的法律帮助与法律援助的指定辩护是有着天壤之别的。

《刑事诉讼法》第 36 条规定得就比较清楚，值班律师的职责是提供法律咨询、程序选择建议、申请变更强制措施、对案件处理提出法律意见等法律帮助，并在其他条款中规定了签署具结书的见证，司法官听取其意见等内容，但非未规定阅卷、会见等内容，对此两高三部的意见也是一样的。当然，我们也可以从其法律帮助的职责推出其应该享有阅卷权和会见权，但是这是权利并非义务，因为值班律师并不是辩护人，法律帮助仍然不是法律援助。

期望归期望，现实归现实。

这么多工作，值班律师一天怎么可能完得成？用批量购买的法律服务不可能达到个别化的效果，它们就不是一个价，而且模式也不同。

个别化的重要特点就是要做个性化的准备，阅卷、会见都是个性化的准备，要彻底全面了解这个案件。这种实质化的法律服务，当然也是我们希望值班律师实现的，但是几乎没有实现的可能。

因为这需要额外的准备，不是一天能干完的，能对案情有个大致的了解，把具结书签完就不错了。额外的服务，就要利用值班之外的时间，而值班之外他就不再是值班律师了，为什么要提供法律帮助？

如果希望人家提供近似于法律援助律师的服务，那就直接叫法律援助律师得了，为什么还要叫法律帮助？不给人家完整的辩护人权利，又凭什么达到准辩护人的效果？

这不是效果达不到，这是从制度设计的时候就限制住了。如果一个值班律师像辩护人一样开展几乎所有的工作，那是他的职业道德高尚，如果他没有做到，我们也没有任何理由苛求，因为制度设计如此，而且你购买的也不是那个服务。

4. 个别化能够普遍推开吗？

为什么不搞个普惠制，把所有的法律帮助都改成法律援助？这样好像所有的问题都解决了，我们也就无须担心服务的质量了。

成本倒还是小事，如果确实有必要也可以考虑。就是必要性才是个大问题。我们知道法律援助制度发展了很多年了，它的范围很明确，大体分为三块：

一是特别严重的罪行，可能判处无期以上刑罚，这种案子害怕搞错了，为其指定辩护人实际上是帮助预防重大的冤错案件，而且量也不大。

二是前面提到过的认知弱势的群体，还包括未成年人，这是确保其辩护权的落实，不帮他一把就没法辩护了。当然，对未成年人还有未成年人特别保护的意思。

三是经济困难者，不能因为其请不起律师就得不到辩护，这也是法律面前人人平等的体现，但是经济困难需要法律援助的要申请，还要审核。

也就是说如果你请得起律师，尽量还是自己请，除非是前两种特殊的情况。所以也就是说绝大部分嫌疑人、被告人还是要自己请律师，如果自己能请而不请，那就意味着你放弃了这个权利，国家也不会为你买单。因为买不过来，需要花钱的地方太多了，而且好像也没有这个义务。

但是值班律师不是这样的，值班律师是全覆盖的，只要你没请，也不管你经济是否困难，都可以用。这主要是为效率买单，毕竟这些案件会加快处理，通过认罪认罚放弃了一些诉讼程序，也是为避免搞错了，国家想通过法律帮助这一个环节增加一份保险。

但是这个避免搞错，与无期徒刑以上的重罪相比，担心程度并不同，所以政府买单的力度也不一样。

而且嫌疑人是完全可以聘请律师的，如果实在家庭困难请不起，也是可以申请法律援助的，这样就可以实现法律服务的个别化。

有条件请律师而不请律师，这个单买的必要性就没有那么大了，这也是为什么会采用值班律师这种批量化法律服务的原因。因为如果需要个性化的法律服务，嫌疑人应该自己买单——如果他买得起的话，这也是其为自己行为负责的一种表现，他要自己支付应诉的成本。国家没有义务过多为嫌疑人的应诉做补贴。

如果无条件地都可以提供法律援助的话，那么就使能够聘请律师的人也不再聘请律师了，都可以用国家指派的律师了。这样，法律援助就成了一种无差别的福利，这是纳税人想不通的。

毕竟我们的学龄前教育、高中教育、大学教育都没有福利化，凭什么涉嫌犯罪的应诉就要享受福利？医疗也没有福利化啊，自费的项目还很多。

在这些更应该福利化的地方都没有福利化的情况下，在刑事诉讼领域的福利化就有点太超前了。这个福利实现的顺位好像搞错了，这就涉及社会整体公正的问题。

5. 批量化与个别化的平衡

法律援助和法律帮助也是很重要的，因为这也涉及公正，不要说预防冤假错案，就是罚当其罪，确保依法惩处也有其必要性。

但是这种政府购买的法律服务还是要考虑轻重缓急，有重点地推进，而不是一步到位的整体福利。必须要考虑每一个覆盖范围的必要性，并根据这个必要性设计服务介入的深度和广度。

这里也有律师负担的问题——还不仅仅是钱的问题。虽然是政府买单，但是法律服务的提供者主要是律师，而政府提供的酬劳与市场化的价格是不具有可比性的，所以某种意义上律师是在尽义务。

律师资源是有限的，律师的时间和精力是有限的，这个义务尽多了，必然会对正常执业有冲击。原来重点推进还好，如果为几十万个案件普遍提供个别化服务，恐怕律师也吃不消，即使强推，质量也是没法保障的。

现在的问题是值班律师的批量化服务模式，本质上对服务质量就是有制约的，个别化虽然好，但是又有不可承受之重。

而且普遍性的个别化服务又同时会增加刑事诉讼的负担，影响诉讼效率的提升，这又背离了认罪认罚制度的初衷。

因此，这里需要对"批量化"和"个别化"作出一定的平衡。

一是参考"刑事案件辩护律师全覆盖"的思路，适当拓展"个别化"法律帮助的范围。

"刑事案件辩护律师全覆盖"是最高法和司法部近年来推动的改革项目，

为以审判为中心的诉讼制度改革的配套措施，虽然叫全覆盖，但是在辩护方面并不是真的全覆盖，只能叫普通程序案件的全覆盖，而且仅限于庭审阶段。由于简易程序的扩大化，普通程序案件的数量是非常有限的，大概只能占到10%～20%。

所以这个辩护全覆盖根本覆盖不到本文所提到的绝大多数认罪认罚案件，但至少可以覆盖到认罪认罚的普通程序案件，二者也是有交集的。

因此，对于认罪认罚普通程序案件，如果不符合法定的法律援助的范围，经济困难程度也没有达到的，至少还有普通程序的全覆盖项目可以申请。

根据全覆盖的规定，简易程序和速裁程序案件只能享受法律帮助。这与认罪认罚的规定几乎重合了，但都是法律帮助，相比于指定辩护，这个法律服务的质量就差得比较多。

不管怎样，这也是法律服务个别化的一个进步，至少对于普通程序案件，实现了一种普遍性的个别化法律服务。

只是由于简易程序现在跨度太大了，这种个别化就显得仍然不够。比如十年以上的简易程序，虽然不是无期，但也是重罪案件了，对于这种重罪案件仍然采取批量化的法律服务方式就有点不够了。当然，嫌疑人要对自己的行为负责，包括应诉的责任，但是10年以上的重罪案件，其公正性具有很强的辐射作用，还是有必要增加一些投入。

因此，可以考虑将10年以上的简易程序纳入全覆盖提供指定辩护的范围，或者即使仍然是法律帮助的话，也可以提供一对一的个别化法律帮助，而不是值班律师模式。

3～10年刑期的案件也可以考虑有条件的申请个别化法律帮助，具体的条件可以再研究，但是全部推开暂时没有必要，可以根据社会经济的发展水平再进一步考虑扩大范围。

二是充分利用大数据技术使"批量化"的工作模式能够尽量实现个别化的效果。

比如可以建立值班律师的办案系统，可以与司法机关的办案系统进行适当关联。

值班律师的工作模式不变，仍然是指定日期值班的。可以将值班律师身份信息和排班信息提前录入值班律师系统，司法机关将需要提供法律帮助的案件信息提前录入办案系统。

这两组信息可以根据值班日期自动分配一些案件给要值班的律师，值班律师可以通过这个系统体现看到自己当天值守时需要处理的案件。

由于这些案件的周期都比较短，因此即使提前也不会提前太多，也许只有几天，甚至只有半天。但是不管怎样，都使值班律师的工作范围变得没有那么随机。有了一个可以准备的范围，这些案件由于与司法机关的办案系统相关联，在一定的保密措施的配合下，值班律师就可以远程读取这些案件的基本信息和电子卷宗，实现了所谓的提前准备的功能。

值班律师系统还与监管场所进行关联，值班律师只要勾选自己需要会见的多名嫌疑人，监管场所就可以为值班律师提前做好会见准备。确保值班律师可以在相对短的时间内会见更多的嫌疑人，同时系统还支持远程会见，可以通过视频连线的方式进行即时会见。这就是通过技术手段提高了会见的工作效率。

值班律师系统还可以与司法机关内部通信系统相联通，也可以通过视频方式与承办的司法官实现即时会见，或者在值班律师系统上填写自己对案件的意见，实现听取意见的便捷性。

当然，这些工作也可以在值守当天完成，但是如果有需要，值班律师也可以提前数天开展一些准备工作，而这些准备工作由于技术手段的帮助将极大地降低时间消耗。

既然是需要开展这些准备工作，值班律师的值班就已经超越了一天的工作量，因此根据值班律师系统对工作量的测算，司法行政机关应该根据其实际工作时间支付相应的报酬。只是这种酬劳的增加还是远低于普遍的个别化帮助，因为这仍然不是个别化的帮助。这只能算是带有个别化色彩的批量化法律服务。

值班前准备工作的开展仍然与值班律师的责任心有很大关系，因为这些工作对于其收入增加显然没有太多的帮助。

在缺少物质激励的情况下，可以考虑制度性和荣誉性的激励。比如对值班律师给予积分鼓励，积分比较高的值班律师才有资格承担重要的法律援助案件。因为重要的法律援助案件同样也是没有多少报酬，但至少还有名气的提升，也算是一种比较实在的激励，也能减少法律援助指派的随意性，也算是对公信力比较强的律师的一种制度性的回报。

这要对法律援助案件的影响力进行评级，并对值班律师进行积分评级和分类。至于行业性的荣誉，比如优秀值班律师等，也都可以考虑设置，但是激励的效果可能不如前述方式更为直接。

这些机制理顺之后，法律帮助个别化范围不断扩大的工作才会有人愿意干，也才能用心干好，而且会使干好这些"公益性"的工作变得"有利可图"。

法律工作终归是良心活，法律帮助实质化是不可能通过强按头实现的，需要技术手段提升效率和便捷度，但更根本的还是要形成制度性的激励机制。不能让老实人吃亏。同时还要特别注意制度设计的初衷，从社会制度的整体角度考虑司法制度的完善方式、程度和优先顺序，实现法律帮助"批量化"和"个别化"的平衡，其实质就是实现公正和效率的有机统一。

第四章

处理与裁量

为什么不敢取保？

虽然在推进认罪认罚，但是轻罪羁押率依然很高，即使逮捕率降下来了，审前羁押率也还是很高，甚至超过平均水平，这是不正常的。这里有刑拘直诉的问题，刑拘直诉为很多速裁案件普遍采用，虽然其法律依据依然不是十分充分，但是我们还是不敢取保。

明明知道这些都是非常轻微的案件，即使是认罪认罚，都采用了速裁程序，也还是不敢取保。这不仅无法实现程序从宽，也违背了强制措施的一般比例性原则：为什么很多更重的案件都可以适用取保候审，而更加轻微的案件反倒是普遍性羁押？这里有很多深层次的原因。

取保容易跑了，羁押跑不了，因此羁押相比于取保对诉讼顺利进行的保障更有力。取保还有一个不能随叫随到的问题，可能会影响诉讼效率，而速裁对效率的要求很高，几天时间就要结案，如果在提讯的环节上耽误了，就会影响整个诉讼程序的推进。

审前羁押一般意味着要实刑，这么轻的罪行，都判实刑效果好吗？不是说短期自由刑有弊端吗？不是害怕交叉感染，影响刑罚的预防效果吗？这些没有太多的人考虑，大多数人只是考虑案件如何能够顺利出手，而不是这个案件的终极效果，以及对犯罪人的最佳刑罚方案。

反倒是，如果你判了缓刑，如果他在缓刑执行期间出了问题，你还要承担责任。也就是判处实刑，即使让他学到更多的犯罪方法，导致他重新犯罪，也没有人会被追究责任。这就是"实刑没责任缓刑有责任"的潜规则。而且判处缓刑需要额外的工作，比如社会调查报告，判实刑就不需要这些。那么在办案期限临近，社会调查报告也不能及时调取的情况下，判处实刑不就完了吗，谁还费这个事？

这就是为什么司法官习惯采用实刑的原因。

审前羁押是实刑的前奏，既然更多的要判实刑，那当然就会倾向审前羁押。而且与缓刑一样，取保期间再犯罪，办理取保的人也是有一定责任的，所以取保相比于羁押，对司法人员的风险就更大。从趋利避害的本能来说，司法人员也会选择规避风险。

目前，取保制度的保障机制不健全，确实不能有效保障随传随到，有些人被取保之后，往往就以为自己没事了，就回老家了。而他违反取保候审规定的事很少能够得到有效的控制。首先无法第一时间知道。知道了以后也只能重新抓人，这个时间成本就比较高，而有些更轻微的案件是不能判处徒刑以上刑罚的，又不好逮捕，就不太容易处理。

所以取保很容易造成麻烦，现有的体制又不容易解决，这就使取保作为强制措施的保障能力很弱。说形同虚设又有点过了，但是确实不好用。

既然不好用，为什么没人考虑过完善一下，让它好用起来，刚性起来？毕竟不能让它一直这样"形同虚设"啊？

这还是因为，羁押和实刑能满足现在很大的司法需求，那就是快和稳定。至于刑罚效果和办案效果，并不在首先考虑之列。

惯性思维还是将办案的效率置于办案的效果之上的，这是一种司法功利主义，也就是先把自己的活干完，再考虑其他。还是将案子当作案子，而没有考虑别人的人生。在羁押刑的负面影响和工作便利面前，自然毫不犹豫地选择了工作便利。

我们考量责任的时候只考虑取保候审和缓刑考验期所可能引发的风险，也就是我们怀疑这个人本身，我们考量的不是刑罚可能让一个过失犯变成故意犯，不是一个偶然犯变成长习犯的问题，我们对短期自由刑机制性的弊端浑然不觉。

我们过多担心人之恶，却忽视了机制之恶。

取保当然有风险，缓刑当然有风险，但我们对其中的考量只是结果意义上的，并没有考量风险变成现实的概率到底有多大。我们对司法官的考量还是机械的唯结果论，并没有考量行为与结果之间的联系，缺少对司法风险的包容度。

是机械化的考核机制，形式主义的工作模式，维持了羁押率的提升。

对于改良取保候审的工作机制，我们很少投入热情，因为这个与个案的取保候审相比，会创造一种系统性的风险，这个系统性的风险让现有的机制很难承担。

我曾经多次呼吁过电子手铐的问题，并提供了具体的工作思路，对于降低审前羁押率的效果也会是实实在在的，整个司法机关从长远来说都会受益，办案效果也会更好，短期自由刑的弊端会得到很大程度的消除，但是肯定会带来新的风险。

如果监管失灵有人脱逃呢，抓捕的成本会增加，诉讼的效率会受影响，而且还要增加一个新的责任，那就是系统失灵的责任。逃了还是小事，再犯罪呢，尤其是恶性犯罪呢？引起公众的舆情，这个责任又由谁来承担？这也就是改革和创新的风险。

如果不搞这个创新，就不用承担这个创新的风险。现在搞了创新，就要为创新效果不好而承担责任。你本来想操心别人的人生，现在却需要操心自己的人生。如果逻辑是这样的话，谁还会试图改变？

那就继续羁押好了，然后自己安然入梦。

不是我们不敢取保，是我们缺少对创新的包容和对司法官的信任。

我们什么时候不再以猜忌的眼光审视司法者的行为，什么时候才能实现真正的司法人文主义。

是不是缓刑也没戏了？

前面的文章提到了轻罪案件中高羁押率和高起诉率的问题，所幸的是缓刑在轻罪案件中仍然占到了比较高的比例，在一定程度上还是可以缓解短期自由刑的弊害的。但是《社区矫正法》的出台可能使缓刑受到巨大的冲击，导致缓刑也可能要没戏了。

这主要是因为判处缓刑需要社区矫正，而社区矫正需要社会调查报告。之前公检法都可以委托司法行政机关进行社会调查，2019年10月出台的两高三部《关于适用认罪认罚从宽制度的指导意见》，对此也予以明确。

虽然公检法三机关都可以进行委托，但是为了提高认罪认罚案件办案效率，尤其是在速裁案件办案期限非常短的情况下，很多时候是在起诉前就由公安机关或检察机关完成委托了，与提出缓刑的量刑建议一并提交法庭。有些虽然起诉前没有来得及做社会调查报告，但毕竟争取了几天的时间，从而保证法院在10～15日的审限内审结案件。

《社区矫正法》没有规定检察机关的委托权，只规定了监督方面的权力，对公安机关委托权的规定也仅限于看守所对已决犯在暂予监外执行时有委托权，也就是对于未决犯，公安、检察均没有社会调查的委托权。这一规定也由2020年7月1日生效的两高两部《社区矫正法实施办法》所再次确认。

目前，有观点认为，《社区矫正法》是正式的法律，其效力显然应该高于《关于适用认罪认罚从宽制度的指导意见》，因此就意味着公检法都有委托权的规定失效，目前对于未决犯只有法院有委托权。

这就意味着，检察机关即使想为法院分忧也做不到了，只能由法院自己委托，这就将所有的压力都集中在审判环节。

这会带来很多现实的压力：速裁的审限超级紧张，即使从受理那天开始委托社会调查，报告也有可能在十几天的审限内回不来，或者只有本地的能回来，外地的根本回不来。为了等社会调查报告，就要牺牲审限，改为简易程序，影响审判的效率。

那么可不可以不用社会调查报告直接硬判缓刑？理论上也不是不可以，但是一旦发生再犯问题，就可能引发追责。这是由内部行政管理的唯结果论造成的，是一种法官无法承受的风险。

与其冒着风险硬判缓刑，不如干脆不判缓刑，都判实刑，这样就不用等社会调查报告了。这必然会极大地影响缓刑适用率，缓刑有可能成为审判效率的牺牲品，让轻罪被告人重新陷入短期自由刑的弊害之中。

也可能造成刑罚适用的新的不公平：本地的比较方便做社会调查报告的，就可以判缓刑。同样类型，或者更为轻缓的案件，只是由于外地户籍就判不了缓刑。法律面前人人平等的原则被社会调查报告的反馈周期卡住了，造成了实质的不公平。

我们必须承认国家幅员辽阔，交通联网程度存在差异，就连快递的送达时间都会有所不同，应该承认这种反馈差异性的现实。这个问题通过公检法都可以委托，通过提早开展一些工作，就可以一定程度上解决，从而通过审前早做工作，多做工作的方式，至少弭平了被告人在缓刑等非羁押刑适用上的差异。

让认罪认罚的制度，让法律的善意可以平等地适用于每一个认罪悔罪的被告人，不因其户籍地点的不同而有所不同，以此体现法律的平等性和无差别性。

《社区矫正法》的确给刑罚的宽缓和诉讼的效率制造了障碍，让刚刚生效的《关于适用认罪认罚从宽制度的指导意见》有关条款在事实上被废止，我认为可能这并非立法本意。

《关于适用认罪认罚从宽制度的指导意见》是《刑事诉讼法》的司法解释，其效力来自于《刑事诉讼法》，也依附于《刑事诉讼法》。如果要比法律位阶，那作为基本法的《刑事诉讼法》位阶要更高。因此不能说《社区矫正法》的活干了，作为《刑事诉讼法》重要内容的认罪认罚就不干了。

如果"严格"执行《社区矫正法》，只有法院有委托权的规定，那么《刑事诉讼法》特别程序的速裁程序的审理期限就无法执行，就会导致《刑事诉讼法》

重要程序失效。或者只能对本地人适用速裁程序，对外地人无法适用速裁程序，就更加触犯了法律面前人人平等的宪法原则。怎能说这些规定是《社区矫正法》的立法本意？

《关于适用认罪认罚从宽制度的指导意见》关于公检法都可以委托的规定，与《社区矫正法》公检法三机关的职责并不矛盾，只是一种补充性的规定，而且是有利于刑罚宽缓化，有利于诉讼效率提高，甚至更有利于刑罚预防效果的规定。

《社区矫正法》的本质无非就是希望发挥更好的刑罚矫正效果，预防再犯。那么让本地人和外地人可以得到平等保护，避免缓刑被选择性适用，让认罪认罚的法治、人性光辉照耀到每一个真正认罪悔罪的人，不是更加有利于《社区矫正法》立法目的的实现吗？

《社区矫正法》是广义的刑事诉讼法典的一部分，应该符合刑事诉讼法整体的法治目标。而认罪认罚就是贯穿于侦查、起诉、审查和刑罚执行的一项基本刑事诉讼制度，其有效实施不仅有利于办案的效率提升，也同样也有利于作为刑罚执行机关的司法行政机关的工作效率办案和工作目标的达成。

类似于《社区矫正法》的委托权的法律和制度衔接问题，现在有，将来也一定会，有必要从刑事诉讼制度的体系化角度，从刑事法律的功能和目的，来处理法律之间的衔接问题。不能用机械和狭隘的思维考虑问题，让一项制度实施成为另一个制度的绊脚石，甚至是自己的绊脚石。

2020年刑事案件数据已经明显反映出，轻罪已经成为目前犯罪结构的主体，占到全部案件的八成。危险驾驶取代盗窃成为第一大罪名。这也是废除劳动教养，犯罪圈不断扩大，刑法修正案不断增加，刑法不断介入社会生活的产物。这种相对轻缓的犯罪结构，决定了我们也要以相对轻缓的刑事政策与之相适应。这样才能让更多的轻罪犯罪人能够及时复归社会，化消极力量为积极力量，从而构建和谐社会。因为刑罚的目的并不是肉体的消灭和隔离，终究还是要再次接纳。

短期自由刑的弊害为世界所公认，对于认罪认罚、刑事和解、未成年犯、初犯偶犯、过失犯，能够给予其非羁押性刑罚的尽量的给予非羁押性刑罚，通过不切断其社会联系的方式让其能够改过自新，那才是最经济，也是最有效的刑罚执行方式。

这几十年来，通过刑事和解制度，未成年人特别诉讼程序，速裁改革试点，认罪认罚试点，检察机关敢用善用不起诉权，都是在向刑罚宽缓化的方向努力，都是用实际行动贯彻宽严相济刑事政策，是与我国当下的经济社会发展水平和犯罪基本结构相适应、相契合的发展方向，这也为案件的处理效果所一再证明。

这是一个大的发展趋势，我们在对具体法律的理解中，在对具体法律制度运用过程中，应该与这一趋势相符合，而不应背道而驰。

因此，只要法治在向前发展，缓刑就不会没戏。法治有戏，缓刑就一定有戏。

只认不起诉，算不算认罚？

我认为这不算认罚。

虽然有些人认为这有争议，但我认为这毫无争议，不起诉就不是一种罚，存疑不起诉和法定不起诉就不用说了，因为它们不涉及认罪认罚。就说相对不起诉，它是以检察机关认为有罪为前提，但也仍然不是一种罚。

因为这个罚是刑罚，那没有定罪能判处刑罚吗？检察机关是没有定罪权的，《刑事诉讼法》是怎么规定的？"未经人民法院依法判决，对任何人都不得确定有罪。"这是无罪推定原则，是现代刑事诉讼的根基，怎么能够轻易违背？

如果不起诉就算罚的话，那么这个罚是经过什么样的程序认定和裁量的？具有程序正当性吗？

所以认为有争议的人，我不知道这个争议在哪里，在于案件可以不审而定，可以不定罪就处以刑罚？还是以为在不起诉书上叙写了构成犯罪，但情节轻微，就叫定罪了？

以为盖章就是定罪，定罪就是盖章？

还是以为既然检察官认为构成犯罪，被不起诉人就构成犯罪了？

这既是对不起诉本质的误解，也是对定罪程序的误解，更是对法治原则的误解。

1.

不起诉的本质是没有处罚，虽然只是相对不起诉，也同样是没有处罚。

因为构成"罚"的前提是有罪。

无罪推定原则，不仅是证据问题，也是程序性问题，是只有法院才能定罪的意思，是需要经过审判这个程序才能定罪，这是程序定义的底线。也延伸出了控审分离、审判公开、控辩平等的基本原则，形成了刑事诉讼中控辩审的基本构造。

认为"不起诉"是一种"罚"的本质是将相对不起诉当作一种定罪程序，这显然是错误的。

当然也会有人质疑，其他起诉的案件在庭审之前就认罪认罚是不是也是一样的错误？这种观点忽视了这些所谓的"罚"是一种量刑建议，也就是"罚"的建议，最终还需要审判确定。但是不起诉是不会再经过审判程序的。

2.

为什么定罪程序一定要经过审判？

这就是现代刑事诉讼文明程度的基本标志，那就是控辩审的基本构造，创造一种互相制约的刑事诉讼结构，通过程序的方式保证公正的实现。

首先，审判中立。检察机关作为追诉机关，不能直接认定有罪从而进行处罚，否则就破坏了基本的控审分离原则。因为检察机关不具备审判机关的中立性。审判机关正是基于这种不主动追诉，不偏不倚的立场，才能最大限度地保证审判的公正性。

其次，程序公开。审判除了极特殊的情况下都要公开进行，这种公开透明的工作方式，是侦查机关和检察机关所无法实现的，即使检察机关正在推行的听证式审查方式，也无法将其作为一般性的工作方式。这既要付出极大的诉讼成本，也要基于立场的中立性。

再次，多方参与。由于公开的审理方式，才能让多方参与到诉讼程序当中，不仅仅是控辩双方，还有证人、鉴定人等诉讼参与人，甚至包括旁听人员，基于中立的审判立场才能保证多方的参与意见能够被充分尊重。也正是通过多方的参与，形成对审判活动的监督，进一步保证透明和公正，并通过程序的公开让所有的诉讼参与人及旁听人员感受到司法活动的公正，从而建立了司法程序的正当性。

最后，规则法定。审判程序是刑事诉讼法的基本内容，是诉讼各方的权利保证，证据规则，程序流程，审理方式都有基本的法定规则，这就成为审判活动基本的品控规则，从而确保审判活动的稳定性和规范性，也给人以稳定的预期。但是审查不起诉、宣布不起诉的规定都是非常简单的，其中大部分的程序都不是法定原则，在稳定性和透明性方面无法和审判活动相比拟，因此对程序公正性的保障力度也相对有限。

所以，审判活动相比于不起诉的确定程序有着更高的程序正义保障，更强的程序正当性。对于定罪处刑这样关系到公民最基本人权保障的问题，定罪——即使是免刑，也意味着前科的存在，具有极大的污名性，自然需要最严格的程序保障，非审判程序莫属。原来劳动教养的废除、强制医疗的司法化，也有这种程序正当性不足的问题。

认为不起诉也是一种罚的观点，降低了定罪的程序标准，也是一种重实体、轻程序的观念。

原来说重实体、轻程序好像重点指的是不重视审判程序，即庭审形式化，也就是以审判为中心的反面。而如果越过了审判程序，不经审判程序而定罪处罚，那不更是程序虚无主义，违背以审判为中心的诉讼制度改革的方向。

3.

也有一种辩解认为，这个罚指的不是刑罚，是笼统意义的负面评价，大概就是"不好"的意思吧。

但是《刑事诉讼法》第 15 条明确规定的是：犯罪嫌疑人、被告人自愿如实供述自己的罪行，承认指控的犯罪事实，愿意接受处罚的，可以依法从宽处理。

这里的处罚是与指控的犯罪事实相对照的，也就是根据指控而接受的处罚，指控意思就是要开启审判，这个处罚当然就是审判之后刑罚，这样也才会有"依法从宽处理"。这是一个连续的语境，而且这是刑事诉讼法，当然就是要解决刑事责任问题，因此罚就是指刑罚，这是确凿无疑的。

将罚解释为"可能不是刑罚"，不仅是无视认罪这个前提，也是在无视刑事诉讼这个程序，更是忽视基本的法定原则。

如果说，这个罚不是刑罚，那是什么处罚方法？这个处罚方法是由哪部法律规定的？如果这些都无法回答，那这个似是而非的罚不就成了道德评价吗？将道德评价与法律评价相混淆也必然违背基本的法治原则。

如果说不起诉是一种罚，谁能告诉我这是一种什么罚？《刑法》在哪条有规定？

4.

再从另一个层面看，如果犯罪嫌疑人说我认罪认罚，但我只能接受不起诉这种处罚，那这还算"认罚"么？

这实际上就是不接受任何处罚。因为处罚还是要有一定的量的基础，而且还要接受法庭的审判。

只能接受不起诉既是在排除刑罚，也是在排除审判，以及经审判程序确定的有罪结论。

因此可以说这既不是认罚，甚至也不是认罪。

这实际上是我们自己给自己设定的逻辑陷阱，将明明不属于"罚"的不起诉放在了"罚"的菜单之中，导致我们在协商的过程中很容易被犯罪嫌疑人绑架。

选择不起诉作为这个菜单的犯罪嫌疑人怀有的是一种侥幸心理，他并非心悦诚服地接受刑罚的制裁，而且他对不起诉的性质具有明确认知，他只是希望在这种协商博弈中获得对自己最有力的结论。

5.

这种问题往往是由我们沟通过程中暴露的焦虑导致的，是一种动作变形，是需要我们高度警惕的。

如果只能给予不起诉才能换取认罪认罚，那认罪认罚就失去了意义，它就不再是一种平等协商，而是变成了一种哀求，这必将损害司法机关的公信力。

不是说认罪认罚案件不能做相对不起诉，相反还应该敢用、善用不起诉权。

但不起诉权不应当被当成嫌疑人绑架检察机关的筹码，不能将不起诉当作为唯一的条件。

我认为不应该作出不起诉的书面承诺。

首先，一般的检察官承诺不了，如果报请之后无法兑现，那将没有转圜的余地。

其次，不起诉也不是一种"罚"，也不是犯罪嫌疑人那里应该认的。他需要认的是如果提起公诉，法院可能会判处的刑罚，也就是量刑建议。也只有这样，才表明他是发自内心地接受处罚。

最后，检察机关是在综合考虑本案的实际情况，以及犯罪嫌疑人心悦诚服的态度之后，才会得出人身危险性降低，不需要判处刑罚的结论，最终作出不起诉决定。

对于抱有那种不起诉才认罚、起诉了就不认罚的功利心的犯罪嫌疑人，我认为一般也不要作出不起诉决定，最好还是应该让其接受庄严的审判，处以相应的刑罚，对其彻底改造可能更好一些。

因此，我建议在签订具结书时，一般不要将不起诉直接写入具结书之中，写明量刑建议即可，综合其表现之后再做不起诉决定也不迟。

当然也有人说，有些模板有写，有些文件有规定，但是这些都不是法律，我们遵循的是法律而不是模板。机械地套用模板与机械套用法条的机械执法无异。

不起诉不是一种罚，它是一种不处罚的方式。它是一种司法善意，但只有以一种得体的方式给予那些真诚悔过之人，才会受到尊重并真正发挥作用。否则可能会适得其反。

在理解任何法律问题的时候，都不能仅仅看这个问题本身，而应该将这个问题放在法律体系的框架下去衡量，任何具体的法律问题都是整体法律框架下的具体。

法定不起诉与相对不起诉就不是一个劲儿

在有些情节非常轻微的案件中，我们现在敢于作出不起诉的决定，这已经是一种进步了。但是在不起诉种类选择的时候——主要是法定不起诉和相对不起诉两者，我们更多地会选择后者，这样会留有余地，也给侦查机关一个台阶。

因为法定不起诉对侦查机关来说往往意味着一个错案，但相对不起诉可以理解成对刑事政策的把握问题，影响是不同的。

对于嫌疑人这方面，我们往往以为反正没有起诉，不管是相对还是法定，虽然也有不同，但是毕竟不是前科，没有定罪，好像影响也不大。

但是法定不起诉和相对不起诉还真不是一个劲儿。

这里的法定不起诉主要是指的犯罪情节显著轻微，不认为是犯罪的情形。

确实，这两种情形都不会产生前科，相对不起诉所认定的犯罪事实并不是宣判有罪，不会产生法律意义上的定罪。但是在人们的观念中并不一定这么想，人们还是会习惯地以为这是一个犯罪行为，只是检察机关这次把握了刑事政策，其实起诉也是可以的，也是会判刑的，只不过刑罚比较轻而已。

这不仅仅是公众的想法，很多侦查人员也会这样想，他们会觉得我们没有抓错，只不过数额上有一点小，情节上有一点轻而已，下回抓个大点的不就行了？这一类案件还得办。

但是，这一类型的案子其实就不应该再继续办了，有些其实就是机械性执法的案件，比如我之前说的快递小哥的案子（参见《你办的不是案子，而是别人的人生》）。

对于这一类案件，相对不起诉只是给侦查机关找一个台阶，但是台阶的作用没有那么直接，反而点不醒它。

因为你永远也叫不醒一个装睡的人。

这个时候就需要法定不起诉直接宣示一下此路不通，快递小哥当时就是做了不少法定不起诉，才能发挥及时叫停的作用。

法定不起诉与相对不起诉给人的感觉还是不一样的，即使是认罪认罚案件，如果我们能够判定此类行为不属于刑罚应该评价的行为，即使犯罪嫌疑人以为他错了，所以认了罪，侦查机关也认为和法条是符合的，而且还付出了很多时间和精力，我们也不能就这样顺坡下去。

如果就这样顺下去的话，是非就变得模糊了，刑事政策的导向作用就无法发挥出来。

我们现在格外重视经济案件的办理，重视体现保护民营企业家，这不是简单地走形式，简单地避免机械判断，而是更多地注重对实质的危害性的审查。对于制度存在模糊或者疏漏的情况下，避免简单以结果归责，这是一种非常好的执法理念和方向。

近年来也纠正了一批这样的案件，体现了很好的效果。

可惜这种具有司法人文主义的司法观念适用的领域太窄了，仅仅在某些特定类型的案件中才予以强调。

机械执法在任何司法领域都不应该得到提倡。

某种意义上，敢用并善用不起诉权就是在一定程度上纠正机械执法的问题。那么，明明应该适用法定不起诉的案件却保守地适用了相对不起诉，就是对机械执法的绥靖政策，很难引起充分的重视。

比如，有些医保设定的范围不尽合理，像修牙、补牙、拔牙属于医疗范围内可以报销的，但是镶牙、种牙被认为是医学美容，不能报销。

但是如果你的牙实在修不好，拔掉了的话能不影响吃饭吗？尤其是拔掉了不止一颗牙，它能不影响生活和健康吗？这显然不是美观的问题了，但是现在就是报销不了。

如果有个别医生同情患者这种困境，将牙齿治疗的项目人为调整一下，使这个费用得以报销，肯定是很受欢迎的，患者人数也必然增加，也提升了单位和个人的业绩，也使自己的收入有所增加。这样就让更多的患者得到了实惠，当然，损失的是国家不应该报销的费用。

但是从根源上看，是不是报销范围需要重新审视？维持牙齿的基本完整是不是也是一种生活和健康的必需？这只是一个很小的例子，我们要思考的是，更多的报销项目是不是都有待于重新检讨，从而与人民不断提高的生活水平和实际需要相互适应？

在这种制度不完善的情况下，个别医生的违规行为发挥了矫正正义的作用，某种意义上是通过违法的方式解决制度的问题。

对于这种行为，如果我们不能旗帜鲜明使用法定不起诉，而是含糊其辞认可其有罪，只是情节轻微而适用相对不起诉，那就既不能体现出医生的行为具有实质的合理性，也不能体现出制度本身存在的问题。

做一个不变通的医生是容易的，报销不了就报销不了，于自己何干？完全可以事不关己高高挂起，就像我们有些司法人员认为我办的就是案子，不是别人的人生，我管你什么人生不人生，我只问构不构。但是这是我们要鼓励的吗？

那样的话，还哪有仁心？

我们不仅要关注被不起诉人的人生，也要关注由此所产生的价值导向作用。

而司法官的伟大之处就在于，他有机会重塑社会环境。

我们选择的不是法定不起诉还是相对不起诉，而是坚持哪一种价值观。

我们保护那些善意的违法者，要从实质的角度来理解刑事违法性，要秉承刑法谦抑原则，要对善良者容错，给宽厚者包容。

更重要的是，我们要多检讨自身，不能让自身制度设计的缺漏成为好人的陷阱，相反，我们应该感谢他们的提醒。

因为好的制度才能让坏人不做恶，不好的制度才容易让好人变成坏人。

司法是制度和生活的桥梁，我们要做的不是机械地执行恶法，而是要不断通过善治促其完善，实现良法与善治的结合。

这才是我们真正的存在价值。

前科的"株连"效应

不起诉从来不仅仅是就个案讨论个案。

个案的事实、情节当然是基础，但是起诉与不起诉是一个相对的概念。

因此，在判断起诉还是不起诉的时候往往要有一个标准，那就是以往的先例，而以往的先例是在变化的。

危险驾驶入罪初期，几乎一律地起诉，但是用得多了之后，我们就会反思它的弊害，很多地方性的不起诉标准都出来了，很多不起诉的判例、指导案例也都出来了，那这个标准自然就会发生变化。

也就是起诉标准的参照系数会发生时间性的变化，总体来看是一个轻缓化的趋势，这也是与犯罪结构发展的趋势和法治进步的方向相吻合的。

时间标准之外，还有地域标准。

同样一个案件，在北方会起诉，在南方就不会起诉，这是由于社会经济发展水平，公众正义感的接受程度存在一定的差异。

现在，随着认罪认罚制度的落实，不起诉也在增加，它体现了实体从宽与程序从宽相结合，发挥的是消戾气、促和谐的法治功效。

还有，正当防卫条款被激活后，除了正当防卫法定不起诉之外，因为有防卫性因素，判定为防卫过当之后，并与认罪认罚相结合，相对不起诉的案件也在增多，这也是起诉政策的考量因素。

可见，起诉政策除了案件本身之外，还与当下的刑事政策息息相关，它是一种动态把握，是刑事政策最直接的司法体现：哪些需要重点打击，哪些可以适当宽宥。从而体现出宽严相济刑事政策的内涵，发挥的是行为导向的功能。

当然这里有一个潜在的前提，那就是罪责自负的假定。我们在判定是否需要起诉的时候，看的是刑事政策对本人的影响。

但这只是刑事政策影响的一部分，其实这个政策不仅会影响到嫌疑人本人，还会通过入学、就业等限制影响到嫌疑人的子女。这就是前科的"株连"效应。

而且这个"株连"效应已经被长期制度化了，想要在短期内废止是非常困难的，更何况还有相当多数的人支持这种前法治的文化。

考虑到这些，在适用不起诉政策的时候就应该具有一定的前瞻性，就应该将起诉、定罪之后，对嫌疑人子女的产生"株连"效应考虑进去，考虑到对无辜之人所产生的终身不良影响。在这之后，再去考虑起诉与不起诉的问题。

所以处理可诉可不诉的案件时，因为担心被复查，就觉得"何必麻烦"的时候，就应该多想想，起诉之后，犯罪嫌疑人的子女所可能遇到的终身的麻烦。然后，再做决定。

我们知道，国家对于未成年嫌疑人的政策是：尽量避免羁押，尽量避免起诉。

面对成年人的案件，我们就没有这样的政策考量，但考虑到成年人犯罪之后，其未成年人子女所要遭遇到的"株连"效应，此时，就有必要考虑未成年人的特别保护政策，同时还要考虑到，这些未成年人根本就是无辜的人。

当然，这本来就应该是通过完善前科制度来解决的，但现实是不可能很快完善，那我们就应该力所能及地让这种"株连"效应发挥到最小。我们要评估真实的法律影响。

对于很多非常轻微的犯罪，比如危险驾驶、因民间纠纷引发的轻微犯罪、过失犯罪等，刑期不满1年、拘役，或者单处罚金，或者判处缓刑的犯罪，这些案件在认罪认罚的情况下，尤其是已经达成刑事和解的情况下，就可以大胆地应用不起诉权。

这个不起诉权，考虑的不仅是案件本身，不仅是认罪认罚的功能，同时也是考虑最大限度地避免前科"株连"效应。

从这个意义上看，不起诉权应用得还远远不够，很多地区还是适当保守了。

很多时候，我们会认为这样就便宜了嫌疑人，会影响打击的效果，影响治安的管控，当然同时也是由于内部的机械执法、机械监控制度，导致不起诉本身成为被猜忌、被防范的对象，让人避之唯恐不及。

但是如果我们一想到，一个轻微的犯罪，甚至是一个过失的犯罪，就让他所有子女的人生蒙上阴影，在他们的生活道路上设下制度性的路障，让这些无辜的孩子代人受过，受到冷遇和嫌弃，是否就可以鼓起一些勇气，多做一些不起诉？

这不仅是给嫌疑人一个机会，也是在拯救一个家庭，重塑孩子的一生。

这一个又一个的家庭，一个又一个的孩子，又关系到国家和社会的未来。

我们在判断是否起诉时，必须将起诉所带来的真实影响，与可能获得的收益进行仔细权衡。如果发现代价太大，得不偿失，就没有必要一意孤行。否则，我们就是不负责任的，就不是在治理，而是在破坏。

想到这些，我们是不是可以更勇敢一点？

当然，真正勇敢的还是彻底废止前科的"株连"效应本身。

但在此之前，不要对它视而不见。

司法更要讲诚信

做人要讲诚信，司法工作者更要讲诚信。

有的取保的犯罪嫌疑人做了认罪认罚，量刑建议写的是拘役几个月或者有期徒刑几个月，但没有注明刑罚执行方式。从一般人的角度看，期待的就是缓刑的执行方式，这是不言自明的。因为已经取保了，而且态度又这么好，没有任何理由判实刑啊。

但是法院判的就是判实刑，这就导致不少被告人上诉。

我觉得这种上诉是无可指摘的，就是量刑建议不具体、不明确造成的，没有给被告人一个明确的预期。甚至可以说是给了人家一种误导，在人家处于取保状态，认罪悔罪态度特别好的情况下，没有任何要判处实刑的迹象。虽然没有明确刑罚执行方式，但这种"没有明确"在被告人心目中就是"缓刑"。

有的人会说，没有明确刑罚执行方式，就只得是实刑，只有适用缓刑的时候才会明确刑罚执行方式，这个法律人都能够理解。

但被告人和一般公众都不具备这种专业性的判断能力，都是秉持着一般认知方式。既然是取保，尤其是非常配合的情况下，默认的就是往前推进。这个时候如果要判实刑就是一个重大改变，这种重大情势改变，一般来说是要说一声的，而不是一声不说。再加上普通人并不具有法律专业人的专业性和严谨性，这是以法律的专业性来"糊弄人"。

也有可能是害怕明确说判实刑，对方就不签具结书了。含糊一点，确实是可以签具结书，但是几乎必然要上诉，不但认罪认罚的提高诉讼效率的目标实现不了，司法公信力也会受损。既然要判实刑为什么不早说？还讲不讲点诚信了？这样传出去，让其他人怎么信你？

而且，既然取保，既然认罪认罚，怎么就不能判缓刑？刑罚轻缓化也是认罪认罚的目标之一，没有必要非要将侦查期间都采取宽缓强制措施而且认罪认罚态度也特别好的被告人投入监狱，让其承受短期自由刑的弊害。

实践中，确实有量刑建议采纳率的问题，如果不明确刑罚执行方式，那就意味着不管法院判实刑还是缓刑，只要刑期一致就都是"被采纳"，从而实现打哪指哪的采纳率，也就是通过降低量刑建议精准性的方式实现采纳率。

以前依靠的是量刑建议的大幅度，也就是通过放弃求刑权来象征性地提高采纳率。现在不明确刑罚执行方式又是一个新的变种，也是以部分放弃求刑权的方式来换取采纳率。

这是一种糊弄事儿的工作方式，不仅与两高三部的"一般应当提出确定刑量刑建议"的要求不一致，而且对其的规避也无助于检察官量刑建议能力的提升。

不提刑罚执行方式，就永远不知道缓刑应该什么时候适用，因为量刑建议能力的提升就是一个熟能生巧的过程。

而且，刑罚执行方式是被告人极为看重的，有的时候比刑期看得还重。因为这是关于自由与不自由的问题；涉及现在的工作能不能保留、能不能和家人继续团聚的问题；如果到了年关，这又涉及能不能回家过年的问题。在很多单位，这甚至还涉及会不会被开除等一系列的处遇问题。一个刑罚执行方式关涉被告人实实在在的基本权利，怎能不予以关注？

明明在侦查环节都予以宽缓对待，在认罪认罚的情况下却判处实刑，不仅体现了重刑主义、机械执法，也体现了对认罪认罚精神的背离。罪行本身比较轻缓，认罪认罚态度又这么好的情况下，有什么理由再收监执行？

检察机关明确提出缓刑，法官不顾"一般应当采纳，只有量刑明显不当才能不采纳"的原则，就是搞不采纳、降低量刑建议采纳率，折损其公信力，破坏其提出确定刑量刑建议的自信心。对于这种司法恣意的行为检察机关缺少必要的监督，虽然零星有抗诉出现，但是上级法院可以通过继续不采纳的方式打击其自信心。最后在法院的要求下，有些检察官就不敢再明确提出刑罚执行方式了。

通过含含糊糊的方式继续开展认罪认罚工作，提出没有刑罚执行方式的量刑建议，最后在最需要明确的地方含糊掉，让被告人感到愤怒、失望。

由于惧怕司法恣意，而在量刑建议上含糊退让，最后失掉的是我们自己的公信力。

被告人并不知道这里面的逻辑，他只是知道你"耍了他"，你明明可以明确跟他讲却没有明确跟他讲，让他陷入一种认识错误。这不仅仅造成了上诉率的提高，更是流失了公信力。

"讲诚信"三个字没那么容易做到。做人要讲诚信，有时候就会吃亏，但有时候该坚持就要坚持，否则如何能够说到做到？

虽然我们不能保证量刑建议一定被采纳，但至少可以做到不会为了采纳率而糊弄人。

因为一次被欺骗，就永远不会再相信；一个人被欺骗，全家都不会再相信。

扶弱抑强应该是公平正义的底色，欺软怕硬永远要被人戳脊梁骨。

碰到蛮横不讲理的，我们就要抗争到底，量刑建议就是要确定到底，不是"明显不当"就要一抗到底，这体现的是我们落实认罪认罚制度的决心，也体现了我们履行法律监督职能的决心。即使采纳率短期受到一些影响，让一些被告人失望了，但是至少他们知道我们尽力了，我们没有骗他们，我们兑现了承诺。

通过含糊其辞换来的采纳率不要也罢，因为它牺牲的是被告人明确的司法预期，牺牲的是检察机关承诺的严肃性、公信力。

人无信不立，而信用、诚信更是司法机关的生命。

量刑建议被采纳是一种司法背书，体现了一种信用。如果这个司法背书是通过不诚信的方式获得的，那这个信用还有什么意义？反而是得一分，失十分。因为能不能拿到背书是你自己掌控不了的，但是守不守诚信却是自己完全可以控制的。这笔账，老百姓算得也很清楚。

即使得不到采纳，得不到背书，只要能够看到我们的努力和争取，即使拿不到一分，也可以拿到半分。而这半分的累积多了，也会增加我们的公信力。努力和争取多了，量刑建议的水平提高了，自然采纳和背书也会增加，这些才是实实在在的诚信和公信力。

司法机关以诚信为本不是一句空话，它是一种长期主义的精神，它体现在我们的一个司法行为之中。真的即使少，也会越来越多；假的即使多，也是少，因为那是镜中花水中月。而这些公众是看得见的，这也正是法治信仰的一部分，因为对法治的信仰，就包括了对司法官的信赖。

司法是社会规则的示范，想要社会讲诚信，司法首先要带头讲诚信。

为什么刑事和解也是法定减轻情节？

一般认为，法定减轻情节这个"法定"应该是刑法，而不应该是刑事诉讼法。我们以为这两部法律应该是泾渭分明、井水不犯河水的，这是一种误解。

刑法中就有不少程序法的规定，比如核准追诉、法定刑以下的核准，还有单位犯罪。我之前的文章也提到过，刑事诉讼法至今也没有对单位犯罪进行规定，但是单位犯罪还是照常追诉、审判，不能说这是违反了程序法的规定，因为终究还是有刑法的依据。

刑法对刑事诉讼程序的介入已经不是一天两天了。

近年来，也出现了刑事诉讼法对刑法的介入，就比如刑事和解，而且还规定了特别程序。当然，这类案件针对的是特定的犯罪，都是比较轻缓的故意犯罪和过失犯罪。

《刑事诉讼法》第 290 条就明确规定，人民法院对达成和解协议的案件，可以依法对被告人从宽处罚。但是具体怎么从宽？

根据《刑诉法司法解释》第 505 条的规定：对达成和解协议的案件，人民法院应当对被告人从轻处罚；符合非监禁刑适用条件的，应当适用非监禁刑；判处法定最低刑仍然过重的，可以减轻处罚；综合全案认为犯罪情节轻微不需要判处刑罚的，可以免除刑事处罚。

这里就明确规定了减轻处罚，甚至免除处罚的情形。没有涉及刑法的规定，也没有要求具有自首、立功等刑法意义上的情节，也没有要求需要层报最高人民法院核准。

这实际上就形成了一个实质的减轻情节。

这只是刑事实体法和程序法边界逐渐模糊的又一例证。

对于刑事司法来说，不管是实体法还是程序法的规定，都要一体化地执行。对于实体法的规定有了，但是没有操作流程的，也不能就束之高阁，而是要通过司法解释的方式予以补充。而程序法有了，比如这些特别程序，体现从宽的，如果刑法没有规定，那这个特别程序就相当于作废了，这个时候司法解释就要对如何从宽进行解释。对此，人大法工委刑法室2018年的《刑事诉讼法释义》中也对此予以明确，明确了"从宽处罚"的意思是指对犯罪嫌疑人、被告人从轻或者减轻处罚。近年来的司法实践已经有不少这样的案例了，但是这与传统的思维模式不一样，所以还有不少人不敢这样用。

这个时候，司法解释就相当于黏合剂，形成了一种刑事一体化的效果。

我也感到做这一番解释比较累，为什么刑法和刑事诉讼法就不能真的实现一体化的规定呢？有一个实体法的内容修改同步就修改诉讼法的规定，有一个诉讼法的重要程序就在实体法中把相关内容加进来。

但是现在的情况就是各改各的，几乎从未发生两部法律同步协调修改的情况。

为了保证两部法律各自有效运转，不得已的就要把手伸到对方的领地中，有些还需要司法解释再补充一下，否则新的规定就难以发挥效力。

因为司法是务实的，是要以实践操作为第一要务的，这就使得司法解释的权力得到了扩张，不仅是发挥了黏合的作用，实践中也发挥了小立法的作用。就比如单位犯罪追诉程序，刑诉法司法解释甚至专门规定了一章，用了许多个条文才把这个事情说清楚，也不管刑法愿不愿意。

这就又反映了立法与司法解释的关系存在日益模糊化的倾向，一个条文有时候能出十条八条解释，有些立法条文没有的规定也解释进来了，依据的是另一部法律。

归根结底还是因为立法缺位造成的，部门法不协调、不同步，条文过于粗疏，这就造成了司法解释的"不得已"。

进一步来说，刑事法发展越来越呈现一体化的倾向，很多的新增内容就是实体和程序兼备的。比如刑事诉讼法中强制医疗特别程序的第1条就对强制医疗的构成要件进行了规定：实施暴力行为，危害公共安全或者严重危及公民人身安全，经法定程序鉴定依法不负刑事责任的精神病人，有继续危害社会可能的，可以予以强制医疗。司法实践中就管它叫强制医疗的构成要件，而这个构成要件明显是实体法应该有的规定。

刑法中有了保安处分的规定，然后刑事诉讼法才能规定相应的处分程序，这才是顺理成章的。但这个顺理成章没有出现，刑法滞后了。事实上，很多国家的刑法典都有保安处分方面的规定，而我国《刑法》第18条，只有半句话：在必要的时候，由政府强制医疗。

这也没说清楚怎么个强制医疗法，也就是没有将强制医疗提升到一个保安处分措施的程度，没有建立保安处分制度。

在这种情况下，在几乎没有实体法依据的情况下，程序法只能尽量全来，那你能说这是对实体法领地的侵犯吗？这是对实体法不作为的证明。

当然，毕竟都是法律，不管在实体法中还是在程序法中规定，作为司法机关都要执行，作为司法机关不会过多地计较立法的规定具体放哪里合适。

但是它确实暴露了刑事一体化缺少立法协调机制的问题。这个问题从根源上还涉及研究领域的问题，因为我们也很少有刑事实体法和程序法均有建树的通才型学者，这也是学科分类过早、过严造成的。对于刑法和刑事程序法交叉的问题很少有研究，这就造成了我们缺少刑事一体化的意识和理论基础，也使得立法上不断出现断条式规定，或者局部的小范围不完整一体化。

即使在部分出现了一体化的规定，比如一些具体的条文，但是由于两个部门法泾渭分明的体例格式，以及不同思维模式，很难真正将对方的问题说透，还是总体上在发挥牵扯作用。

这就导致了新生的刑事制度发育不充分，老是用司法解释替代立法，也就有了正当性不足的问题，从而影响法治的威信。

事实上，这种现状已经制约了整体刑事法治的发展，有必要在体制、机制上进行适当的调整，对此我建议：

第一，建立刑事立法一体化考量机制。在启动两个部门法任意条文修改时，都要对另外一个部门法是否要配套修改进行评估，把这两部门法律作为一个不可拆分的"家庭"看待。

第二，重构刑事法人才培养体制。在硕士阶段，不应再区分程序法和实体法，在博士阶段再区分专业，但保留一部分刑事整体法专业。形成具有实体法和程序法并重的整体人才梯队，培养一批刑事通才型学者。事实上，硕士研究生毕业后基本还是进入实务界，而司法实务是不可能区分实体和程序的，那为什么还要让他们"偏科"呢？

第三，建议将刑事诉讼法学会与刑法学会合并，成为刑事法学学会，有利于刑事法的整体统筹发展，形成共识。在内部可以设立不同的分会，侧重实体法和程序法，但是更多的应该考虑交叉学科的研究，比如保安处分的研究。

第四，鼓励刑事一体化的学术成果，建立刑事一体化的学术期刊，编撰刑事一体化的教材。

事实上，刑事一体化不再是一种学术兴趣，它已经成为刑事法治发展的一个趋势，很多新的一体化制度已经破茧而出，趋势是难以抗拒的。

不同诉讼阶段的量刑建议梯度

司法实践中，"早认罪认罚可以更从宽"已经成为一种共识，两高三部指导意见也对此予以重申。

但很多地方对早认了以后到底能从宽多少并没有作出制度性的安排，也就是量刑建议的梯度并没有建立起来。有的侦查人员就跟我说，在开展认罪认罚工作以后，不知道自己的工作到底有多大用，因此缺少成就感。从而导致在侦查阶段向犯罪嫌疑人普及认罪认罚政策的积极性不高。

这也自然地影响了犯罪嫌疑人对认罪认罚政策的认知，因为侦查人员才是与他们接触最多的人，他们对法律的很多认知也来自于侦查人员。由于缺少明确的量刑梯度，他们也不可能了解到早认罪的具体优惠待遇，也就不会有作为"狱友"的现身说法，从而形成一种普遍性的观望态度。

但也有人说，既然说认罪认罚是自愿的，发自内心的，那就是不需要任何的政策宣传。来了以后就自觉自愿地毫无保留地交代，这样才叫真正的自愿认罪认罚。让人劝，或者因为有从宽的可能，才认罪认罚，那能叫真正的自愿认罪认罚吗？

客气地说，这是非常理想主义的说法，是一种苛求和奢望，甚至是强人所难。谁没犯过错？你每次犯错的时候，都能心悦诚服地承认自己的错误，进行认错认罚吗？你在家里就能完全做到吗？这完全无视人的趋利避害的本能。

人的本能是对自己的行为不断进行合理化解释，即使不对也总能找出理由。小孩子犯错了，不就是这样吗？

当然，犯罪更加严重。很多犯罪嫌疑人都会首先把原因归结于被害人，再次就会归结于客观原因，上来就从自身方面找原因的人是极少数的。你的同事中就没有揽功推过的人吗？一出事就往别人身上推，很多领导不也有这方面的问题吗？凭什么要求嫌疑人一出事就马上变成天使？

承认是自己的错，还自愿接受处罚，这需要一个思想斗争的过程，是需要开导和沟通的。

还有的人认为，既然认罪认罚是法律规定的，那侦查人员自然就应该做，不用管做了以后对量刑建议有没有影响。侦查主要就是解决证据收集的问题，量刑建议是检察官的事，侦查人员不用过多操心。

这也是一种想当然。

首先徒法不足以自行，并不是法律一规定就自动地运行了。法律不是算法，人也不是机械，不是一下就动起来的。有了法律规定要遵守，往往体现在法律的底线不能逾越，也就是不去犯法。比如不许刑讯逼供，这个是要做到的，否则要承担责任。但是法律说可以的时候，那往往就没有强制性，也没有违法责任。比如侦查期间，我不做教育转化行不行？没有人监督。顶多，我把认罪认罚权利告知书发下去，但是这个政策我是详细说，掰开了揉碎了说，还是简单提一下，这是无人可以监督的。所以说白了，法律工作是个良心活。

尤其是这种需要主动开展的工作，一定是要有一定的积极性推动的。侦查相比于批捕、起诉和审判的一个最大特点就是主动性。他一定要主动出击才会有收获，比如说抓酒驾的问题，如果不是主动去查的话，只靠被动报警的方式是几乎不可能的。所以你会发现，很多时候，深更半夜甚至凌晨了，交警在主要路口设卡查酒驾，甚至直接在环路的主路上设卡查。这当然很辛苦，而这份辛苦的背后是一套制度性安排，包括激励机制和行政管理机制。

除了这些机制以外，最本质的东西就是你要让他觉得有用，他能直接感觉到他能帮上忙。

认罪认罚也一样，警察也不是追诉狂，他办案的目的也不是让这个人多判点，也是希望罪责刑相适应。愿意配合的犯罪嫌疑人可以让侦查人员省下很多力气，侦查人员也发自内心地想让法官轻判点，这样对其他犯罪嫌疑人也是一种良性示范，从而产生一种连锁反应。

这样侦查人员才会觉得和犯罪嫌疑人多聊两句认罪认罚是有意义的。但是问题在于，这个是否从宽和从宽多少，侦查人员是感觉不到的。他不知道，检察官最后提的量刑建议和自己做的工作有多大关系，检察官也很少会告诉他们，因为在你们那认罪认罚了，所以我会给他提什么样的量刑建议，这个幅度要比一般的情况轻多少等。

根本上来说，主要是没有这样一个制度性安排，告知侦查人员和检察官，如果一个嫌疑人在侦查阶段就认罪认罚，他的从宽幅度就要比在审查起诉阶段才认罪认罚的要轻 10% 或 20%。从而给他们一个明确的心理预期。觉得他在侦查阶段多唠叨几句认罪认罚，可以发挥 10% ～ 20% 的功效。而这个功效他也直接可以和犯罪嫌疑人说，你要是现在就认罪认罚就会比去检察院之后要轻多少多少。有个具体的数，就比较好说一些。

虽然具体到个案的时候，这个 10% ～ 20% 也未必体现得多么明显，因为每一件案件都不是相同的，也很难完全进行横向比较。但只要有了这个制度性安排，就会让人觉得这个活没白干，在侦查阶段认罪就会更轻，文件上都说了会轻 10% ～ 20%。

因此看起来是数值的问题，但真正的效果是在于给予对方明确的心理预期。

因此，所谓 30%、20%、10% 的量刑梯度，就是一种梯形的明确心理预期。有了数值之后，在兑现上就感觉更真实和可靠了，要比笼统的"更从宽"要靠谱。就因为这个靠谱，就愿意多做工作，犯罪嫌疑人也是因为这个靠谱，也会认为早点认罪认罚是真的有好处的。

也有的人会挑这个数字的毛病，会认为这个数字缺少充分的依据，有点拍脑袋。因此反对搞数字，仍然坚持用形容词。或者连形容词都不要用，让侦查人员和犯罪嫌疑人不要有任何明确的预期。

我是不同意这个观点的。这个数字是更为明确的心理预期，至于量刑建议的真实影响，检察官自然会根据各方面情况进行仔细权衡，这个数字对他也有一定影响，但不是绝对的。

这个数字最重要的作用就是给侦查人员和犯罪嫌疑人一定的安全感和保障，让其在权衡的时候有一个可以想象的基础。让其对从宽这个问题的思考有一个具象化的载体，与其他因素放在一起进行综合考量，从而帮助其下定决心。数字梯度并不是捆绑，而是提供一份诚意。

那些对量刑梯度持反对态度的人，并不是真的认为数字不科学，只是拒绝接受人性的现实而已。

人希望看到自己的付出真正能够发挥作用这并不是非分之想，这就是人性本身。

人生活在意义的世界，人要依靠别人的接受和认可活着。而对别人正面价值的认可既是对他的基本尊重，也是一种重要的鼓励，只有如此才能建立更为健康的协作关系。

量刑建议的数字化梯度，就是制度层面对侦查机关开展认罪认罚工作的认可。只有通过量刑数字梯度的方式接受和认可侦查人员的认罪认罚工作，他们才会有意愿持续开展。由于侦查人员与犯罪嫌疑人接触的频度和深度，只有侦查人员真正参与进来，这项工作才能深入进去，这同时也会给犯罪嫌疑人带来实实在在的收益。对这个实实在在的收益的感受也会在以其为中心的社会网络中传播开来，从而促进认罪认罚的真正普及，也进一步提高包括侦查在内的整体诉讼效率。对此，侦查人员也可以从中直接受益。

这一良性循环的起点就是认罪认罚的数字化量刑梯度。

被告人未实际履行退赃退赔协议，还算认罚吗？

有人说这种叫附条件认罚，其实说反了，应该叫附条件从宽。

从宽难道可以附条件吗？这就要从对"认罚"的理解说起。

两高三部关于认罪认罚的指导意见中，对于"认罚"的把握进行了比较详尽的规定：

认罪认罚从宽制度中的"认罚"，是指犯罪嫌疑人、被告人真诚悔罪，愿意接受处罚。"认罚"，在侦查阶段表现为表示愿意接受处罚；在审查起诉阶段表现为接受人民检察院拟作出的起诉或不起诉决定，认可人民检察院的量刑建议，签署认罪认罚具结书；在审判阶段表现为当庭确认自愿签署具结书，愿意接受刑罚处罚。

"认罚"考察的重点是犯罪嫌疑人、被告人的悔罪态度和悔罪表现，应当结合退赃退赔、赔偿损失、赔礼道歉等因素来考量。犯罪嫌疑人、被告人虽然表示"认罚"，却暗中串供，干扰证人作证，毁灭、伪造证据或者隐匿、转移财产，有赔偿能力而不赔偿损失，则不能适用认罪认罚从宽制度。犯罪嫌疑人、被告人享有程序选择权，不同意适用速裁程序、简易程序的，不影响"认罚"的认定。

可见，这个所谓的"附条件"是对"悔罪表现"真诚性的检验，"悔罪表现"是"认罚"的重要组成部分。

"认罚"不是认个错，自愿接受处罚就行了，还要拿出点真格的。在经济犯罪中，这个真格的主要就体现在"退赃退赔"上。这是最实在的表现，如果表面上认罪了，接受处罚了，但是赃款自己留下了，那就意味着这个"认罚"没有到位。犯罪收益没有退回，就意味着通过犯罪获得利益留下了，人身自由刑罚反而只是成为一种成本，出来还可以舒舒服服过日子，而被害人的损失将无从弥补，这样刑罚的惩罚和教育作用就失去了。

因此，认罪认罚的指导意见才将赔偿问题作为"认罚"考察的具体内容，这是对"罚"的含义的实质化理解，那就是让犯罪人感觉到痛苦，感觉真正受到了惩罚，通过犯罪没有得到任何好处。

虽然给予了刑罚，但还是可以从犯罪中捞到好处，还是可以"偷着乐"，那就不算真正受到了"处罚"。如果只是认这种"罚"，而不愿意把钱吐出来，那就不算真正的认罚。

正是基于这些考虑，也同时为最大限度地保障被害人的利益，因此检察机关在很多经济犯罪案件进行认罪认罚的过程中，就将退赃退赔作为一个重要的认罚考察内容。有些还会体现在具结书当中，有些还创新为单独的退赃赔偿承诺书。

这些工作的目的就是最大限度地实现追赃挽损，也是被害人最关心的，也是最能产生社会矛盾修复功能的。如果这个方面做不到位，即使被告人判得很重，被害人也还是不会很满意。而且由于经济犯罪案件的刑罚普遍废除了死刑，从立法层面整体呈现了一种轻缓化的态势，即使重判也判不了多重。

因此，退赃退赔作为认罚的实际表现就越来越得到检察机关的关注，通过在这个方面着力开展认罪认罚工作，也实实在在为被害人挽回了不少损失，在充分挽回损失的情况下，就为经济案件被告人的量刑建议的从宽打好了一个基础，就比较容易让各方满意和接受。也减少了经济案件涉法信访的压力。

但是考虑到一个现实的问题，那就是退赃退赔有时候是需要时间的，有不少被告人已经将赃款挥霍了，但是其本人及家人还是努力筹措资金进行退还，这个筹措资金确实需要一些时间。有些案例中，被告人名下的房产都开始挂牌出售了，但是赶上房价低迷，出手不容易；或者即使开始交易，但是买家如果通过贷款买房，也还有一个付款周期的问题。

对于这些已经有比较明确意愿，并开始采取一些实际行动的，检察机关在提出量刑建议时就可以予以考虑，但是考虑到是否真的能够兑现具有不确定性，就会在具结书上明确一些具体的条件，比如嫌疑人承诺一个数额，一个大致的期限，要监督其履行，不能在审判阶段以各种理由拖延退赃退赔的履行，或者在判决后不认账了。拿到从宽的幅度，但是真正的赃款没有退还，对于这种情况根据认罪认罚指导意见的精神，就认定为"不认罚"。

对于认定为"不认罚"的，具结书就将自动失效，还会通过提出不从宽的量刑建议，使得最终的量刑符合罪责刑相适应原则。

很多被告人看到检察机关真的要撤销具结书，真的不再从宽了，尤其是缓刑要改判实刑了，往往也会通过各种方法推动退赃退赔承诺的履行。

如果不管其是否履行，我们都仍然承认其"认罚"，也不调整量刑建议，那就相当于鼓励虚假承诺。虚假承诺本来就是很多经济案件被告人的"强项"，这就会产生一种不良的示范效应，没有人再真诚地悔罪和退赃了，只要表达承诺就可以了，承诺能否兑现无所谓。毕竟，找到无法兑现的理由与作出信誓旦旦的承诺是同样容易的。

这样的效果显然违背了认罪认罚从宽制度的初衷，是不能容许的。

因此，对于表达退赃退赔承诺的嫌疑人应该予以鼓励，但是有必要落在纸面上，落到具结书上，并尽量明确具体的方式和执行的时间表。

在后续诉讼推进的过程中，就可以根据这个时间表督促其落实。对此，我们一定要有严谨认真的态度，这样嫌疑人才会真正严谨认真地履行自己的义务。

这实际上相当于创设了"附条件"从宽的机制，而这种"附条件"是否符合认罪认罚从宽制度呢？

我认为，这符合认罪认罚从宽制度的规定，因为根据认罪认罚指导意见的明确规定，考察"认罚"的悔罪表现确实不仅仅是看态度，也要看行动。有时候这个行动在审查起诉阶段，嫌疑人是没有时间完成的。

在没有时间完成悔罪表现的情况下，按照承诺的内容，提前给予从宽，是有利于嫌疑人的。因为根据实际表现原则，你退不了，检察机关也应该从宽不了那么多。

但是你表示可以退赃退赔，检察机关按照你这个态度，提前给到你相应的从宽幅度，这是对嫌疑人承诺的一种信任。

只是悔罪表现光靠承诺和信任是不够的，还重在履行。光给被害人赔偿的承诺，不兑现，被害人能满意吗？被破坏的社会矛盾能修复吗？肯定是不行的。

因此，在没有实际履行退赃退赔时的从宽建议，相当于一种提前给付，以承诺是否兑现为前提，如果承诺兑现不了，那从宽建议自然也就兑现不了了。

因此，在以退赃退赔为前提的情况下提出量刑建议，被告人未能实际履行的，其实不是简单地"不算认罚"，而是没有兑现认罚的承诺，此时从宽的承诺自然也就相应地无法兑现了。

拒不赔偿是否属于不认罚？

随着认罪认罚的深入推进，我们对"认罪""认罚"这些概念理解得越来越深入了。尤其是在经济案件中，将追赃挽损也作为一项重点工作，把退赃退赔作为考察悔罪态度，从而判定认罚态度的一个参考因素。

这样一来，嫌疑人、被告人可以获得从宽的实惠，被害方也可以获得经济补偿的实惠，案件处理的效果就比较好，被害人对认罪认罚的认可度也比较高。

但是实践中，还是有这样一种情况，就是量刑建议这些都是认的，但是退赔没有完成。

当然这里的原因很复杂，有时候是被害方狮子大张口，要求的赔偿数额嫌疑人承受不起，而嫌疑人所能够提供的赔偿数额，被害方看不上，拒不接受。这种情况显然不是悔罪态度有问题。

还有一种情况是嫌疑人确实没钱，可能是挥霍了，同时家里经济条件特别差，连合理的赔偿数额也拿不出来，除非让家里人倾家荡产、大量举债，否则不可能拿得出钱，而嫌疑人也不想连累家里人。所以即使家里人提出以大量举债来赔偿的动议，也会被嫌疑人否决。而且从法律责任来说，家人也没有任何义务来这么做，也不能说嫌疑人的家里人不去借钱赔偿，就说明嫌疑人悔罪态度不好。

最后一种情况是有一定争议的，那就是我们感觉嫌疑人应该有一定经济条件，至少他家里人可能有一定经济条件，但是以种种理由不赔偿，或者赔偿很少。这些理由中可能有"自己没有钱，家里人的钱是家里人的"，也确实有一定道理，主要是家里人的财产是否是其通过非法财产转移过去的，也说不清楚。

这些嫌疑人自身真实的经济状况，我们也很难完全查清，只能是凭直觉、感觉，觉得拿出赔偿来的钱太少了。

在这个基础上，一是我们能不能就判定其是有能力赔偿而拒不赔偿；二是即使有能力赔偿而不赔偿，能不能就说其属于"不认罚"？赔偿和认罚到底是一个什么样的关系？

第一个问题，我想还是要讲求证据，至少应该在对其经济状况进行充分调查评估的基础上来判断其是否有经济能力，否则那就相当于单纯的主观判断。当然这还只是证据问题。

最难回答的就是，赔偿与认罚的关系。

实践中，确实有因为拒不赔偿，就否定其认罚态度的情况。当然也有没有否定其认罚态度，但在从宽幅度上予以慎重考虑的情况。

到底哪一种处理方式更加合适，需要我们仔细研究。

要搞清楚这个问题，还是要回到刑事诉讼法的条文中来理解。《刑事诉讼法》第15条明确规定：犯罪嫌疑人、被告人自愿如实供述自己的罪行，承认指控的犯罪事实，愿意接受处罚的，可以依法从宽处理。

可见"认罚"的本质含义其实是"接受处罚"。那么什么是接受处罚？

两高三部的指导意见中第7条第1款进一步予以了明确，认罪认罚从宽制度中的"认罚"，是指犯罪嫌疑人、被告人真诚悔罪，愿意接受处罚。"认罚"，在侦查阶段表现为表示愿意接受处罚；在审查起诉阶段表现为接受人民检察院拟作出的起诉或不起诉决定，认可人民检察院的量刑建议，签署认罪认罚具结书；在审判阶段表现为当庭确认自愿签署具结书，愿意接受刑罚处罚。

由此可见，这个"接受处罚"本质上还是接受刑罚。这个刑罚自然包括主刑、附加刑以及刑罚的执行方式。

那赔偿是否属于刑罚呢？

根据《刑法》第36条第1款的规定，由于犯罪行为而使被害人遭受经济损失的，对犯罪分子除依法给予刑事处罚外，并应根据情况判处赔偿经济损失。

可见，赔偿经济损失虽然也是一项重要的义务，但是被排除在刑事处罚之外。

根据《刑法》第37条的规定，对于犯罪情节轻微不需要判处刑罚的，可以免予刑事处罚，但是可以根据案件的不同情况，予以训诫或者责令具结悔过、赔礼道歉、赔偿损失，或者由主管部门予以行政处罚或者行政处分。

学者据此将赔偿损失总结为非刑罚处置措施之一。

既然刑事诉讼法所明确规定的"认罚"为接受处罚，两高三部的意见进一步明确为刑罚处罚。那作为赔偿损失的非刑罚处罚措施就不应当成为判定是否属于"认罚"的定性依据。

但是由于赔偿可以体现悔罪态度，倒是可以将赔偿损失的履行情况作为判定"认罚"程度的定量依据。

也就是是否履行赔偿以及赔偿是否到位的问题只是一个"认罚"态度好坏的问题，而不是是否"认罚"的问题。

认罪认罚指导意见也要求，应当结合退赃退赔、赔偿损失、赔礼道歉等因素来考量犯罪嫌疑人、被告人的悔罪态度和悔罪表现。犯罪嫌疑人、被告人虽然表示"认罚"，却暗中串供，干扰证人作证，毁灭、伪造证据或者隐匿，转移财产，有赔偿能力而不赔偿损失的，则不能适用认罪认罚从宽制度。

其中"暗中串供，干扰证人作证，毁灭、伪造证据"，目的是破坏诉讼程序顺利进行，从而干扰定罪活动，显然是不想真心实意地接受刑罚。"隐匿、转移财产"也是通过主动作为的方式使得最终判定的"罚金刑"无法执行。

"有赔偿能力而不赔偿损失"只是消极地不履行非刑罚处置措施，并不是主动的破坏。因为如果其有罚金刑的执行可以直接通过扣押、冻结、划拨的方式处置。

判决之前的赔偿往往有一个主动协商、积极履行的问题，事实上很多时候都要仰赖家人帮助协调筹措。很多时候用以赔偿的资金并非嫌疑人的赃款所得，而是家人变卖家产，包括唯一的自有住房，甚至举债所得。这主要是因为损失和所得的非对称性造成的，也就是被害人损失非常大，但是嫌疑人并未得到那么多，还有一部分在犯罪过程中损耗掉了。

另外还有一个分赃不均匀的问题：主犯往往拿大头，但是主犯要么是跑掉了，要么是到案了，但是赔偿的也不多。这就导致需要赔偿的缺口很大，被害人很不满意，司法机关就希望其他同案犯也能尽量多赔一点，好让被害方满意，从而息诉罢访。

有时同案犯没有分到多少钱，但是由于共同犯罪全部责任，对很大的一笔犯罪数额都要承担责任，也就是要履行赔偿的连带责任。问题是当初就没拿到多少钱，现在有什么财产来赔这么多钱？因此赔偿的能力和意愿都没有那么强。

这时候，就被批评为悔罪态度不好，即使接受量刑建议，接受刑罚处罚也被否定"认罚"态度，从而被"不适用认罪认罚从宽制度"。

这是一种比较机械的做法，这里所谓的"不适用认罪认罚从宽制度"，指的其实是"不从宽"。

因为"认罪"是客观的，自愿接受刑罚处罚也是客观的，"认罪认罚"的态度是不容否定的。只是由于其悔罪态度一般，不从宽而已，因为根据刑事诉讼法的规定，认罪认罚本来也只是"可以"从宽，考虑到这种具体情况在量刑建议上不从宽也可以理解。但是据此否定"认罚"的态度是不妥当的。

根据前文的分析，这个"认罚"指的是"刑罚"，不能将非刑罚处置措施混同于刑罚让嫌疑人、被告人接受。

其实在判决之前这个赔偿数额具有很大的不确定性，很多时候被害人的赔偿要求也具有不合理性，这种不确定、不合理的内容怎么能当作刑罚对待呢？怎么要求嫌疑人一定认呢？

即使单纯从有能力赔偿而不赔偿这个悔罪态度上来考量，也不能过分地苛求嫌疑人一定要超越自己实际非法所得而大幅度赔偿才算"悔罪态度好"，或者达到认罚的程度。只要嫌疑人达到"将全部违法所得退还"的标准，就应该可以拿到及格分，就应该叫悔罪态度较好。如果能够更多地赔偿自然更好，但是不能因为没有超额大幅度赔偿，就说他悔罪态度不好。

也就是说，我们在判定"认罚"这个问题上，一方面要依法，要依据刑事诉讼法和刑法，而不能仅从司法解释的字面意义进行机械化的解释，还是要回到立法本意来理解，赔偿不属于"认罚"的定性事由；另一方面，赔偿作为"认罚"的定量事由，是衡量悔罪程度的一个指标，但即使从悔罪程度的指标来判断，我们也要从合理的、公允的角度来考量，不能过分苛责，对嫌疑人的赔偿能力和赔偿义务过分夸大。法律不应强人所难。

幅度刑量刑建议与量刑预期

随着认罪认罚的深入推进，我们知道幅度刑量刑建议有一个问题，就是量刑预期不明确。

然后说犯罪嫌疑人的量刑预期一般是中线以下，甚至底线。判高了的话一般就会引发上诉，而在中线以上量刑的一般又不建议抗诉。

我们也理解幅度刑的预期不明确，但是要知道的是，只要是幅度就一定有中线、高线和底线，不管这个幅度多么小，都会有。

但是只要法官在中线以上判刑，就会引起被告人的不满意，这个合理吗？

或者我们要求法官不能在中线以上量刑，这又凭什么？

凭什么就不能接受中线以上的量刑？不管中线以上还是中线以下，这不都是量刑建议的范围吗？都是已经得到被告人明确同意的。

这算不算是一种过分的迁就？

我们目前应对的主要方案就是提高确定刑量刑建议的比例，但是终归还是有些重罪，新型、复杂案件不是那么适合提确定刑量刑建议。

那是不是只要我们提出确定刑量刑建议，这个约束力就下降了？或者说只有中线以下的半个约束力，在中线以上的刑罚幅度是没有约束力的？

按照法律的规定，法官在整个幅度内的量刑都算是采纳。

要厘清这些问题，首先要需要研究量刑预期。

被告人一般都希望刑罚能够尽量低，但是由于罪责刑相适应原则，刑罚不可能、也不应该无限低。虽然要体现从宽，但也要在合理、合法的幅度内适当从宽，这一定是有一个相对合理的区间的。

量刑建议提出后，控辩协商的目的就是找到量刑的合理区间，最好能够精确到一个点。

如果真能精确到一个点，那就没有多少异议了。

但是如果是区间的话，那就要看如何确定基准了。检察官往往默认中线为基准，根据表现的好坏，或者法官的判断，进行上下浮动。如果正常发挥就是中线，如果退赃退赔特别好，就可以考虑向下浮动，如果表现不好就向上浮动。这可能也是一般人的思考方式，也就是可以上下波动的中线思维。

但是被告人从趋利避害的本能来看，会将底线默认为基准，只要正常表现，就应该拿到最好的优惠。如果表现不好就要打折扣，但是一般不能超过中线。

那中线以上有什么用呢？中线以上就是不能接受的了。

这显然是不太符合逻辑的计算方式，中线以上既然也是量刑建议的一部分，而且是事前商定好的，那自然也是有用的，怎么可能是完全没有意义的？

也有不少被告人能够通情达理地接受这种浮动。但是坚持底线基准的也不少。

虽然底线基准的逻辑依据不足，但最重要的问题是，事先并没有对基准线进行确定和说明。

所以，你也不能说人家理解得不对。

事实上，任何法律、司法解释也没有就幅度刑的基准线以及上下的浮动规则进行规定。

这才是量刑预期不明确的根源，甚至是从幅度刑量刑建议到宣告刑的确定规则的缺失。

既然没有规则，那各方自然就希望按照有利于自己的方式进行解释，进而产生这种尴尬局面。

因此，我建议相关司法解释应该明确幅度刑量刑建议的基准线及浮动方式的确认规则。

最合理的是根据实际表现进行上下浮动。

在规则确定之前，我建议提出量刑建议时不要将还没有发生的情况考虑进去，比如退赃退赔的情况，不能把理想当作事实来考虑。一旦我们把这些考虑进来，被告人就会将这个量刑建议作为自己理所当然享受的从宽福利，即使其没有完成退赃退赔等工作，也还是期望获得量刑建议的底线从宽。

在这种情况下，就可以利用附条件向下调整的方式来处理，即按照目前的全部情节确定量刑建议幅度，把没有发生的退赃退赔等情况作为可以下调量刑建议的条件。一旦满足相应的条件，再把量刑建议降下来，这样更有利于被告人区分哪些是现实的幅度，哪些是理想的幅度，避免产生认识上的分歧，也可以鼓励被告人履行退赔义务。

说到量刑预期，不仅是被告人有，法官也有。

法官有时候选择在中线以下量刑，其目的总体上还是希望符合罪责刑相适应的原则。如果他就是觉得中线以上，甚至上线合适，那他就可以这么量，这就是法官的裁量权，同时也没有违背"一般应当采纳"的原则。

被告人的情绪不应该绑架法官，不能因为中线以上就要上诉，就不愿意法官在量刑建议幅度内量刑，这是不合理的。

但是在中线以上量刑之后，被告人的上诉，就是撕毁具结书的行为。

这样就不应该再获得从宽的待遇了，即使是中线以上的量刑仍然是一种从宽的待遇，也不应该获得。

这种不从宽唯一的合法解决路径就是检察机关的抗诉，在二审程序中合理地进行不再从宽的判罚，让被告人认识到认罪认罚的严肃性。

即使幅度也是有效力的，也不是不能当作儿戏的，也不是只有一般效力的。

至于中线以上不符合预期的理论，主要是因为没有把基准线规则确定好。

只要确定好基准线规则，不管中线上下都应该在预期之内，只要在范围之内都是在预期之内，就应该严肃地对待。

在此之后的反悔行为，不管是中线上下，都应该取消从宽的优惠，从而体现司法的严肃性。

我们现在尽量求精确化量刑建议的方式实际上是回避了基准线规则的问题，但是我们知道，随着认罪认罚的范围扩大，幅度刑量刑建议一定是要占到相当大的比例的，对此我们必须要将基准线的规则确定下来，提前讲好，这样也可以按照这个规则事后追究相应的责任。这样才能从根本上解决问题。

从这个意义上看，认罪认罚的程序规则还远远没有完善，认罪认罚的精细化过程，其实是规则的精细化过程。

量刑建议要有终局意识

在一人犯数罪的认罪认罚案件中，有的量刑建议只是分别提出这些个罪的量刑建议，但不提出数罪并罚之后的量刑建议。理由是"没有明确规定"。

这相当于一个半成品，因为嫌疑人关心的当然是数罪并罚之后的最后量刑结论。个罪的量刑建议即使都是确定的，与数罪并罚之后的量刑结论之间也还是有很大的差距。这也留有了很大的不确定性，不能给嫌疑人以明确的心理预期。

还有的案件，是缓刑期间又犯新罪，根据法律的规定当然要撤销缓刑进行数罪并罚，但是由于前罪并不在本次指控的范围之内，所以检察官也会疑惑，到底是提出指控本罪的量刑建议呢，还是要将撤销缓刑的因素也考虑在内，提出数罪并罚之后的量刑建议？

这些疑惑，是对量刑建议本质的疑惑。量刑建议本质上不是指控辅助而裁判辅助，指控不会产生量刑结果，只有判决有罪之后才会涉及量刑。自然地，量刑建议当然要从裁判的角度考虑问题，从法官的角度考虑问题，进行终局性的思考。

理解到这个层面，才会明白量刑建议到底要考虑什么因素。量刑建议当然要基于指控的基础，比如开篇的第一个问题。既然指控的是数罪，当然量刑的也是数罪，但是数罪之后不是分别执行刑罚，而是要执行数罪并罚之后的刑罚。那就不能仅仅停留在分散的结论，自然要落到最终裁判和刑罚执行这个终局性的结论上来。

这种思维比指控思维进了一步，进入到审判思维当中，甚至刑罚执行思维当中。而量刑本身就是关于审判的思维和刑罚执行的思维，对量刑提的建议，如果不考虑这两个思维，工作就没有到位，就没有尽到义务。

这种思维和以往的指控思维是不太一样的，以往检察官认为这是都法官的领地，是法官的事，没有必要走这么远。但是认罪认罚所提的量刑建议就需要你走这么远，这样法官才能节约时间，才能提高整体的诉讼效率。也才会有认罪认罚案件量刑建议"一般应当采纳"的原则。

这时的量刑建议，实际上就是立足于审判的终局思维提出的一揽子量刑参考意见，也是对嫌疑人提出的一揽子的明确量刑预期。它具有综合性、全面性和明确的可操作性。

可以说在认罪认罚的背景下，指控思维的宽度扩大了，包括了从终局角度的量刑思考。

我们知道，数罪并罚的过程是对犯罪的综合定量评价的过程，尤其在大陆法系国家，并罚的过程有一个很大的自由度，这个自由度是一个复杂的量刑思考和评价的过程，需要耗费大量的司法精力，需要检察官对基础事实和情节有着非常详尽的掌握。

检察官在个罪量刑建议的思考过程中已经具备了这个基础，在此基础上再进一步就可以完成。如果检察官放弃这个工作，法官就要从头到尾再来一遍，将造成司法资源的浪费。

当然，第一个问题毕竟是基于指控而延伸的。

但是第二个问题，好像已经超越了指控的范围，涉及前罪的处理，这一步是否走得太远了？

其实走得并不远，因为这是审判工作的一部分，也是审判思维与指控思维的不同。你想要撤销的缓刑也不是本案的缓刑，也不是本案的审判范围，甚至都不是一个法院办的案件。那本案的法官为什么要处理呢？

因为与本案刑罚执行有相关性。

根据法律的规定，在缓刑期间再犯新罪的需要撤销缓刑。这个事如果要让审理前罪的法院来干，没有太多的意义，因为最终还是要与新罪一并进行考量，并进行数罪并罚。法律从效率的角度出发，规定由审理新罪的法院一并处理就可以了。

这和数罪中本地检察机关对部分罪行有管辖权，对其他罪行没有管辖权，但基于相关性原则，一并由本地检察机关指控是一个道理。

这就是司法的方便处理原则，也是司法效率的重要保障。

基于这个原则，本地法院必须要对前罪缓刑进行撤销，并进行数罪并罚，而作为提出指控的检察机关，自然就有义务为本地法院提前做好思考和准备，提出一揽子的量刑建议。仅仅考虑本罪的量刑建议是不完整的，只有将撤销缓刑的考量因素考虑进去才是完整的。

这看似与本罪的指控相距较远，但确实是本地法院审理的必需环节，也是最后作出量刑结论的必需环节。

如果不考虑两个必需，只是提出眼下罪行的量刑建议，这不具有终局的参考意义。对嫌疑人也不具有终局的量刑预期。

由于两个量刑建议之间的差异可能较大，可能使嫌疑人产生误解。比如以为受到欺骗，认为只是以一个低刑期骗取认罪认罚的承诺。

只有从最终的，也就是数罪并罚的结论出发，全面地考虑问题，整体地提出量刑建议，才能给嫌疑人以真实的预期，也才能真实地减轻法官的审判负担。

由于认罪认罚制度的展开，尤其是确定刑量刑建议的展开，以往的指控思维已经不能完全适应新的指控需要了。仅管定罪和粗线条的量刑情节已经满足不了量刑建议精确化的新要求，承担不了量刑建议"一般应当被采纳"的司法信任。

只有像法官一样思考，从审判的终局思维来考虑全部的量刑情节，甚至量刑细节，包括数罪并罚的最终处理，才能提出更加到位的量刑建议。

第五章

审判与监督

简化示证后不再认罪认罚的，可否要求
重新详细示证？

实践中确实有这种情况：在审查起诉阶段已经完成了认罪认罚，那自然是简化审理。比如出示证据的时候，就非常简单，很多证据只是宣读了证据名称，并没有实质地出示。辩方鉴于已经认罪认罚，一般也就不太计较了。

但是情况往往有变，比如检察机关在审理的过程中又追加指控新的事实和罪名——虽然也未必是检察机关动议追加的，法院建议追加的情况也很多。这个时候被告人对新追加的事实和罪名就不见得认可了。

此时，之前的指控已经通过简化示证的方式完成了举证质证工作，如果辩护方希望调整策略，要求将之前的证据再详细出示一下，应该如何处理？

1.

这要看开庭审理适用的是什么程序，如果适用的是简易程序。那根据《刑诉法司法解释》第 295 条第（3）项的规定，对控辩双方无异议的证据，可以仅就证据的名称及所证明的事项作出说明；对控辩双方有异议，或者法庭认为有必要调查核实的证据，应当出示，并进行质证。

显然，这里所谓的名称，就是简易程序简化举证质证的方式，实际上就是没有实质地出示证据。前提是双方没有异议，而且一定是简易程序。

现在增加了新的事实，被告人有些又不认罪了，显然就不能再适用简易程序，而是应该转为普通程序。既然转为普通程序，那就要按照普通程序的规则举证质证；不是部分简易、部分普通，而是完整地按照普通程序审理的意思。

也不是所有事情都要重来一遍，比如基本的法庭调查，核实身份、宣读起诉书，以及基本的法庭讯问，就没有必要重来。但是如果认为讯问不够充分可以补充发问，而不能说之前的发问就不算数了。

证据出示与否，这是一个刚性的原则，因为根据普通程序的基本规则，不在法庭上出示的证据不能作为证据使用。在适用简易程序的时候，只要提到这个证据，并不要求实际出示的。如果转为普通程序审理，就要根据普通程序的规则出示一下。

因此，在转换为普通程序之后，被告人自然可以理直气壮地要求法庭重新出示证据。

2.

如果之前就是按照普通程序审理的，却按照简易程序的方式没有实质出示证据，仅就证据的名称及所证明的事项作出说明，那就是不规范出示证据的行为。当然，因为双方认罪认罚，为了提高效率，也不会对此提出质疑。

由于增加了事实和罪名，被告人的态度也有了变化，至少是对增加的部分不认可，那对增加的证据肯定是要严格按照法律规定完整出示和质证的。只是对于已经完成了举证工作，但又没有实质出示的这部分证据，是否可以要求完整出示，很多人是有疑惑的。

其实也不应该有疑惑，因为虽然是认罪认罚，但是也应该出示，因为这是普通程序，不是简易程序。这就是两种程序的区别，证据都不出示还叫什么普通程序？

严格地讲，当初没有出示证据就是错的，现在要求详细出示证据自然也是合理合法的。

根据《刑诉法司法解释》第 204 条的规定，已经移送人民法院的证据，控辩双方需要出示的，可以向法庭提出申请。法庭同意的，应当指令值庭法警出示、播放；需要宣读的，由值庭法警交由申请人宣读。

在实践操作上，往往没有那么机械，就像明明是普通程序，却按照简易程序的要求，只是宣读了名称，而没有实质地出示证据一样。

因为很多需要出示的证据在卷宗里都有记载，辩护人提前都复制了卷宗，因此，公诉人所提到名称的那份证据，往往也是卷宗里有的，辩护人、被告人也是提前看过的。虽然没有当场又出示一遍，实际上之前也看过了，如果有质证意见当时就可以说。

而且很多证据并不具有核心意义，比如被告人的户籍信息等证据资料，往往对双方都没有意义，即使现在对有些事实不认罪了，将这些证据重新出示一遍也没有意义。

大家真正关心的，可能是一些关键性证据，比如监控录像，关键的书证、物证。这些证据不仅对之前的事实有影响，对后面增加的事实也有影响；不仅对定罪有影响，对量刑也有影响。

这些证据所蕴含的信息量是三言两语无法说明清楚的，当初没有较真主要是考虑到认罪又认罚，也同意量刑建议了。但是现在部分事实不再认了，新的量刑建议自然也就不再认了，在这种情况下，对这些关乎量刑情节的证据就必然要更加上心，更加想掰扯一下。

因此，既然有了新变化，对于这些之前没有详细出示的证据，完全可以根据普通程序关于出示证据的基本要求，要求重新详细出示。只是重新详细出示的范围，从实践操作上建议抓大放小，有重点的要求重新实质地出示并质证。

对于所有证据都重新出示一遍，既无必要，也不太可能得到同意。

任何司法问题的解决都不是完全机械的，都是原则性和灵活性相结合的，把握得当更容易在实践中收到功效。

庭后认罪认罚怎么办?

有些被告人在庭审结束之后,才向法官和检察官表示认罪认罚。时间是晚了一点,但我们仍然要表示欢迎,只是具体程序应该怎么走,目前的规范文件并未有明确的规定。

一般情况下,认罪认罚主要是在审查起诉阶段完成并签署具结书,开庭审理的时候进行核实确认。当然有些被告人认罪悔罪的态度转变得晚一点,直到庭审才明确表示认罪认罚,此时庭审正在进行,控辩审三方具在,也可以当场予以确认。

庭后再来认罪认罚的最大问题是核实程序已经走完了,缺少了庭审的正式场合。虽然可能就是在法庭表示的认罪认罚,但是人可能都不齐整了——因为庭都结束了,人民陪审员已经先走了,承担法律援助的辩护人也已经离开法庭了。

即使法官、检察官和被告人都在这个法庭,这也不能叫审判了。

这时候,既然被告人还是表达了认罪认罚的态度,而且也尚未判决,尤其是就在法庭里,检察官和法官都在的情况下,我们似乎应该干点什么来接受这个态度的转变,只是不知道应该怎么干。那我就尝试着探讨一下有关的程序问题。

1. 拿具结书来让被告人签行不行?

答案是:不行。

因为辩护人不在。具结书一般都是在审查起诉阶段签,刑事诉讼法明确要求应该在辩护人或值班律师的见证下签署,只有极其特殊的情况下,才可以不用签署具结书。

但是只要是签具结书,程序就应该完整,就应该有见证人。目前被告人有法律援助的辩护人，如果签具结书，就应该让辩护人回来见证。

也有人说，既然法官在场，而且就在庄严的法庭上，也有监控录像的记录，为什么一定非要辩护人或值班律师见证？

理由就是确保被告人认罪认罚的自愿性和真实性，这就是程序正义。法官再公正也不可能代行辩护人的职责，因为这将违背审判的中立性原则。就像法官不能代行指控职责一样，法官也不能代行辩护职责。

法官只能在控辩双方博弈之后，在双方的见证下中立地进行审判，这样才能不偏不倚。

如果法官代行辩护人职责进行见证，然后辩护人对这个见证有意见，那他要到哪里说理去？

而且话说回来，既然之前没有认罪认罚，肯定不可能是独任审判，那就意味着这个案件的审判组织应该是合议庭，法官虽然是核心，也不能代替合议庭。

既然合议人员都不全，那就更不存在履行审判功能的问题了。

所以，如果这个时候想签署具结书也可以，唯一的办法就是把辩护人叫回来，在其见证下签署。

2. 签署具结书之后要不要二次开庭？

在回答这个问题之前，先要回答另一个问题，那就是具结书可否不经审判直接确认？

好像是不行，因为刑事诉讼法要求在开庭的时候审查认罪认罚的自愿性和具结书的真实性、合法性。

就在法官眼皮子底下签署的具结书，其真实性和合法性还有什么审查的必要呢？被告人就是同时当着检察官和法官的面认罪认罚的，其自愿性还有什么可怀疑的呢？

就像前文提到的，这里的法官虽然是职业的，但是他不能代替合议庭进行审判，甚至即使合议庭就在那也不是审判，因为没有正式的法庭的记录，并履行正式的审判程序，仍然是一种庭后的非正式行为。

如果把人民陪审员也找回来，辩护人也找回来，那就几乎相当于二次开庭了。

说到"几乎"的意思，是因为这仍然与二次开庭存在区别：既然属于公开审理的案件，那在开庭之前就要发公告，履行向公众的告知义务，让希望旁听的人员了解到这个信息，从而才能保证是在公开状态下进行的庭审。

而这些看起来好像非常冗长多余的细节，就构成了保障庭审程序公正的基本要素。

所以庭审并不是临时凑一波人，把这个案子办了就行了。它要履行法定的、必要的程序，这就是满足必要的仪式感，也是通过这些细节保障程序的公开、透明以及诉讼权利能够得到有效保障。而且，所有这些程序都是法律事先制定的，每个人都知悉的，而不是随意修改的，任意决定的。

这种稳定的司法流程就是程序正义的保障。

正因此，即使有了具结书，也只是完成了基本要件，还是需要通过审判程序依法公开审查判定才能算数。这个审判的过程不是有法官在就可以省略的，对于审判程序来说，仅有法官是不够的，它需要更多的人，需要一系列有条不紊的严谨程序才能算数。

因此，庭后认罪认罚的，需要二次开庭才能予以确认。

3. 程序正义是不是就是烦琐主义？

当着法官、检察官的面认罪认罚，签了具结书，还要二次开庭，是不是过于烦琐？是不是有违认罪认罚繁简分流的目标？

有违繁简分流的目标的，不是二次开庭，而是一次开庭的时候没有直接认罪认罚。当时如果认罪认罚，不就没有后续的事情了吗？举证质证也可以得到简化。

这个程序烦琐要么是被告人犹犹豫豫造成的，要么是法官、检察官教育转化不及时、不充分造成的，怨不到二次开庭头上。因为最烦琐的工作之前都做完了。

剩下的只是面对突发状况如何处理，我们不可能把具结书往审判卷里一放，就把这个案件从不认罪认罚直接变为认罪认罚，这个程序的减省将直接影响程序的正当性。

二次开庭是难以避免的，但具结书却不是必须签署的。因为毕竟已经到了审判阶段，而且在举行二次庭审的情况下，认罪认罚的态度完全可以在法庭的见证下予以充分核实，具结书在这里就不是必需的了。

既然如此，将辩护人再找来其实已经没有必要，完全可以一次性地通过二次庭审予以解决。也就是通过公开透明的审理，使得认罪认罚的效力更强，庭审的确认功能也更加强大。

4. 对于庭后认罪认罚的行为可否视而不见？

有些"嫌麻烦"的司法官，会对被告人的这种犹犹豫豫充满怨气，认为这"简直是捣乱"。这些司法官甚至会对庭后认罪认罚完全不加理会，就当不知道。反正庭都开完了，那就直接下判吧。

我们知道，在这种情况下直接下判，肯定会引起被告人的极大不满，从而引发上诉开启二审。在二审阶段其仍然可以提认罪认罚，到时候二审的检察机关和审判机关仍然要做这些工作。

这就相当于把二次开庭能办的事，非要推到二审去做，从诉讼成本来说，这就是一种浪费。

严格来说，在一审过程中已经认罪认罚，但没有适用认罪认罚程序审理的，也可能造成程序违法，而且影响量刑，也可能导致发回重审。到了，还是要让你再审理一次，与其如此，当初何必要逃避呢？

对庭后认罪认罚不加理会，是一种逃避司法责任的行为，应该予以纠正。把认罪认罚带来的二次开庭当作麻烦，想一手推开，结果不但推不开，还会给上级司法机关带来更大的麻烦，也会给司法公信力带来极大的危害。即使被告人忍气吞声，最后也没有上诉，那显然对他也是一种不公正。因为既然最后还是认罪认罚了，那自然应该与完全冥顽不化的被告人的处遇有所差别，否则，就无法体现认罪认罚制度的价值。

当然，在提出从宽量刑建议的时候，应该比较慎重，应该与自始就认罪认罚的被告人有所区别，并告知被告人从宽幅度有限的原因，在从宽的同时体现公正性和合理性。

庭后认罪认罚的处理并不简单，它反映了我们对程序正当性的理解和把握，值得深入思考。

庭后动议调整量刑建议怎么办?

量刑建议的调整，重点是庭前和庭上的调整。

实践中还有一种情况就是开完庭之后，法官建议调整量刑建议，这个时候不太可能再开一次庭了，因为不涉及证据事实的问题。

但是已经确认过的具结书，量刑建议是检察官自己提的，被告人也没有反悔，辩护人也认可。大家都以为开完庭了，就等着下判了。

没想到开完庭，法官突然有意见了，而这个意见又没有在法庭上说，没有让控辩双方同时知悉。

这个时候让检察官调整量刑建议，一般来说是想往上调整，所以才想征求检察官的意见，想让检察官再做工作。

如果检察官不声不响就往上调整了，虽然量刑建议最终被采纳了，但被告人肯定不干，肯定要上诉，而且再了解到是检察官调整的量刑建议，法官是依据这个建议判的，那被告人对检察官和检察机关是什么印象?

也太出尔反尔了，太不讲诚信了!

在这种情况下，法官未必会将事情的原委向被告人完全解释清楚，不太可能告诉被告人，要怪就怪我，是我觉得原来的量刑建议太轻，我让检察官调整的，不要埋怨检察官，有意见冲我来。法官好像也不太可能说这么细。

法官可能一句话都不说，只是在判决中描述，检察机关后来又调整了量刑建议，这就可以了。

这不仅会造成个别被告人对检察机关不满意，还会通过扩散和累积形成一种普遍的印象，那就是检察机关的量刑建议和具结书是不靠谱的，签了也没用，回头它还可以改。

这将极大地破坏认罪认罚制度和检察机关的公信力。

所以对于这种情况，不能黑不提白不提，稀里糊涂过去，随便将量刑建议一改了之。虽然这样可以提高量刑建议的采纳率，实现了"打哪指哪"的效果，但是长远来说可能是有害的。

这要考虑三个方面的内容。

1.

要求法官释明理由，以及希望调整的方向和幅度。也就是要问清楚，到底想怎么调，理由具体是什么。尤其是原量刑建议"明显不当"的理由，因为"一般不当"的话就没有必要轻易调整了。

就像判决有既判力的问题，具结书也有稳定性的问题，既然不是"明显不当"就没必要轻易调整。

这也是刑事诉讼法的明确规定，只有明显不当才能不采纳。既然是想让检察机关调整，就意味着原量刑建议由于明显不当将不被采纳。那么是怎么个"明显不当"就一定要说清楚。

必要时，应当要求法院出具书面的调整建议书，作为我们启动调整的依据。既然我们调整量刑建议使用书面文书，那么法院建议我们调整的意见也应该是以书面方式告知，这是对等尊重。

对于法院的书面建议书，检察机关也可以向被告人出示，让对方清楚量刑建议调整的原因和理由。

因为双方之前都协商好了量刑建议，那就有一个基本的诚信义务，没有特别理由是不能轻易修改的。现在被告人没有反悔，坚守了诚信，那检察机关如果没有特别的理由也不能轻易修改。

尤其是在指控的事实和罪名没有变化的情况下，单方面修改已经确定的量刑建议，会给人留下不严肃、不慎重、不可靠的印象。

2.

一般来说，只要法官动议调整量刑建议的，检察机关都要当面征求被告人的意见，即使它并不打算调整。

对于检察机关打算调整的，当然应该跟被告人说一声，征求一下他的意见，也体现了相互之间的尊重，同时也体现了检察机关对于调整量刑建议的慎重态度：要全面了解情况，尤其是对于量刑建议调整的利益相关方，应该征求一下他的意见。

被告人如果认可的，也要重新签订具结书。这种情况下一般不会再开庭了，有一个书面材料比较方面法院审查。

即使被告人不认可拟上调的量刑建议，仍然坚持具结书中注明的量刑建议，也不能轻易否认他的认罪认罚态度。

因为被告人已经认过罚了，那就是原来的量刑建议。这个认罚应该是具体的，不应该是不确定的、可以任意调整的。所以原来的认罚态度，并不能因为检察机关单方面的调整而不算数。

同样，也不能因为法院不采纳检察机关的量刑建议加重判处刑罚，被告人上诉了，就说被告人不认罪认罚，这也是一样的道理。

检察机关打算调整量刑建议的，和被告人当面沟通一下，这比较好理解，花费这个诉讼成本也是值得的。

但是，对于那些检察机关根本就不同意调整量刑建议，办案人员精力还十分有限的情况，为什么还要跟被告人当面谈一次？这有什么必要？

这是很有必要的，只是程度上要稍微差一点。这是为了避免法院单方面不采纳检察机关量刑建议，直接加重被告人刑罚，被告人对检察机关产生误解。

因为被告人对量刑建议是否调整，判决书是否叙明这方面的内容并不十分清楚，如果他误以为是检察机关口头或者以其他方式调整了量刑建议，然后法院才下判加重量刑，那就不好了。

被告人肯定上诉这就不用说了，而且在以后的服刑和复归社会的过程中，也会带着这个误解，传播对检察机关的负面印象，而检察机关都不知道这是怎么回事。

因此，即使检察机关不想调整量刑建议，也应该告知被告人这个动议的过程，以及不调整的考虑，从而让被告人进一步确信检察机关一以贯之的诚信态度。

如果法院加重刑罚确实没有道理，检察机关也可以在被告人上诉的同时提出抗诉。这也可以在上抗诉的过程中，形成一种控辩合力，有利于二审法院采纳抗诉意见，从而有利于审判监督工作的开展。

可以说，与被告人简单沟通是后续工作的基础。

虽然只是这么一点的沟通工作，但是对于检察机关的长久公信力，乃至法律监督工作的开展都具有重要的价值。

3.

还有一种情况，就是法院建议检察机关下调量刑建议，这种情况比较少。

在这种情况下，被告人应该是没什么意见，但是考虑到刑种和刑罚执行方式，也还是有不确定性，因此可以根据情况决定是否征求被告人意见。

如果实质上是减轻刑罚的，而且减轻的幅度还比较大的情况，我们还要考虑一下被害人的感受。

尤其是被害人态度非常坚决，检察机关之前还征求过被害人意见的，那最好是在同意下调量刑建议之前，也征求一下被害人的意见。

也就是同样向被害人讲清楚拟调整量刑建议动议的过程，以及具体的理由。检察机关应该根据被害人的意见以及综合各方面的情况，最后再确定是否调整量刑建议。

既然是"征求"意见，那这些意见主要还是起参考而非决定作用，检察机关可以独立作出判断，没必要被特定一方面的利益或情绪绑架。

我想强调的是，你不同意别人的意见并没问题，但是如果你完全不听取他的意见，那可能就有大问题了——虽然很多时候法律并没有明确的规定。本来你征求一下他的意见，他可能就没意见了，就是因为你没征求他的意见，他可能就会不依不饶。

这就是人的基本心理需求，那就是被尊重。只有把人当作人来尊重，才能得到对方的尊重和理解，这是司法工作的基本经验。

审判阶段拟调整量刑建议但被告人不认可，
是否属于认罪认罚？

有时候在审判阶段会调整量刑建议，但是对拟调整的量刑建议被告人并不认可，这还是不是认罪认罚？

1.

在回答这个问题之前，我们首先还是要讨论一下"认罚"的问题。

根据《刑事诉讼法》第 15 条，"认罚"的意思就是"愿意接受处罚"。

两高三部关于认罪认罚的指导意见，第 7 条进一步规定："认罚"，是指犯罪嫌疑人、被告人真诚悔罪，愿意接受处罚。"认罚"，在侦查阶段表现为表示愿意接受处罚；在审查起诉阶段表现为接受人民检察院拟作出的起诉或不起诉决定，认可人民检察院的量刑建议，签署认罪认罚具结书；在审判阶段表现为当庭确认自愿签署具结书，愿意接受刑罚处罚。

签署具结书之后，检察机关要调整量刑建议，被告人有不同意见，不能接受，这是可以理解的，但不能否定其之前对具结书及其附随的量刑建议的认可。也就是被告人已经认过罚了。

虽然刑事诉讼法规定得含混了一点，但是两高三部的意见进一步予以明确，那应该就是具结书中附随的量刑建议，是书面确认过的，是双方共同的合意，认这个罚就算是认罚了。

在审判阶段单方面提高了量刑建议，超出了具结书的范围，被告人表示不解释，不算不认罚。

如果判决不采纳量刑建议，判处了更重的刑罚，被告人上诉的，不能说不是认罪认罚。

2.

实践中，调整量刑建议的原因，主要是法官希望检察官调整。

这个希望表达之后，有的检察官就准备接受了，但是被告人不想接受：原来谈得好好的，凭什么就要提高量刑建议？

有些检察官为了提高量刑建议采纳率，就打算按照法官的意思调整，这样法官最后就会采纳调整之后的量刑建议，这样采纳率就提高了。

这就导致了检察官出尔反尔。当初明明是双方协商好了的，现在检察机关单方面要调整，也要问问被告人答不答应，有一些被告人就会觉得划不来，就不想答应。

那就是对于拟提高的量刑建议无法达成一致意见，无法再行签订新的具结书。

这就比较尴尬了：有一份生效的具结书，同时又有一份新的量刑建议，这个新的量刑建议超越了具结书的范围。

虽然提出新的量刑建议，也在检察机关的职权范围之内，但是无法通过调整量刑建议就废止之前合法有效的具结书。

毕竟具结书也类似于合同，没有任何违法、不自愿或者附加条款的内容，单方面地废止违背了一般的诚信原则。

除非有一些特殊情况，比如增加了新的犯罪事实，调整了指控内容，附带需要调整量刑建议的，这样就相当于情势变更。

但是如果没有任何变化，检察机关也不好出尔反尔。虽然是法院让检察机关出尔反尔的，但是选择权毕竟在检察机关一方。

即使提出量刑建议的程序是合法的，也不能因为检察机关改变量刑建议而让被告人承当不认罚的不利后果。

而且根据相关的规定，所谓的认罚应该还是以具结书为准，因此不管检察机关量刑建议如何调整，进而法院如何下判，只要被告人确认具结书，就仍然属于认罪认罚。

还有一种情况，那就是检察官也不同意调整量刑建议，被告人自然更不同意调整量刑建议，但是法院仍然在量刑建议之上判处刑罚。

这就很容易因为被告人的不满，导致上诉，那这种情况更不能说是被告人不认罚，因为量刑建议都没改动，被告人也始终认可。

不能要求被告人的认罚是认可法院随便判。所谓的"认罚"并不是只要犯了罪，就任凭发落、悉听尊便的意思，并不是法院判啥是啥。

还是要有一个合理的预期，这个预期从制度上来说就是具结书上的量刑建议，这是可以商量的内容。而判决的宣告刑并不是可以商量的、可以预期的。法官一般不会在宣告之前就量刑问题征求被告人的意见，这也有损审判的严肃性。

但是被告人与检察机关是可以商量的，并且商量的结果是由书面确认的，从而可以产生明确的预期。根据法律，也有"一般应该采纳"的规定作为保障，因此认具结书的量刑建议就是认罚，坚持具结书的量刑建议就是坚持认罚。

这个"认罚"原则有确定性，从而也容易为嫌疑人、被告人所理解和把握。

如果签了具结书还不算认罚，必须还要对量刑建议怎么调整都没有意见，对法院怎么判都没有意见，那显然是一种苛责。

3.

在量刑建议的调整方面，也存在程序规定不够清晰的问题。

比如法官希望检察官调整量刑建议，就会在法庭上当庭口头建议检察官调整，检察官当庭认为没有必要调整的，法官就会径行下判。

这里就有一个沟通不完整的问题。

法官让检察官调整，检察官也没问一下希望调整的方向、幅度和理由，就直接说不调整，有时候也显得不够慎重。

如果法官有一些特别的理由的话，检察官也还是听一下比较好，并且应该建议法官在法庭上释明，或提供书面的调整建议，休庭后由检察官再行请示汇报。

尤其是不问清楚方向和幅度，如果真需要调整了，都不知道怎么调。调完了法官又不满意的话，也容易产生程序反复。

对于调整的建议，由于涉及与被告人的具结书合意，因此必须要有具体、明确和充分的理由。

把这些理由问清楚，才有利于与被告人进行沟通，从而取得谅解。

在调整理由上，检察官一定要把握一个必要性原则，这个必要性是指量刑"明显不当"，只有"明显不当"的理由非常充分了，才有必要与被告人再次沟通调整。

如果并不属于"明显不当"，也没有充分理由的，一般不应轻易调整量刑建议，从而保障具结书的稳定性。

维护具结书的稳定性，其实也是在维护检察机关的公信力，也是在维护司法机关的公信力。

认罪认罚反悔后是否需要转为普通程序？

对于这个问题，两高三部的认罪认罚指导意见第39条有规定，即被告人违背意愿认罪认罚，或者认罪认罚后又反悔，依法需要转换程序的，应当按照普通程序对案件重新审理。发现存在刑讯逼供等非法取证行为的，依照法律规定处理。

实务中，关键在于如何理解"依法需要转换程序的"这个问题。

《刑事诉讼法》中并没有明确规定程序转换的条件，只有最高法的司法解释有规定，《解释》第298条规定，适用简易程序审理案件，在法庭审理过程中，有下列情形之一的，应当转为普通程序审理：（1）被告人的行为可能不构成犯罪的；（2）被告人可能不负刑事责任的；（3）被告人当庭对起诉指控的犯罪事实予以否认的；（4）案件事实不清、证据不足的；（5）不应当或者不宜适用简易程序的其他情形。

有人据此认为，如果需要转换程序就要满足该条款的本意，即与查明事实高度相关。只有与事实关系很大的情形，才具有相当性，才属于"其他情形"。

所以，这个"其他情形"到底是什么？是不是所谓的"事实相关性"？

带着这个问题，我们再看《刑事诉讼法》。

《刑事诉讼法》虽然没有程序转换条件，但有不宜适用简易程序的规定，即《刑事诉讼法》第215条，有下列情形之一的，不适用简易程序：（1）被告人是盲、聋、哑人，或者是尚未完全丧失辨认或者控制自己行为能力的精神病人的；（2）有重大社会影响的；（3）共同犯罪案件中部分被告人不认罪或者对适用简易程序有异议的；（4）其他不宜适用简易程序审理的。

根据解释依附于法律的原理，司法解释是对法律的解释，而不是相反，那就说明其实解释中的程序转换条款，实际上是对《刑事诉讼法》第215条第（4）项"其他不宜适用简易程序审理的"的解释。

也就是在审理简易程序案件时发现了，有不宜按照简易程序审理的情形，就应当立即停止这种审理方式，恢复到普通程序上来，这是立法的本意。

再仔细研究《刑事诉讼法》第 215 条的几项条款，并不是都是实体性条款，也不都是事实相关性，这三个条款虽然各有侧重，比如第（1）项主要指的是辩护能力，维权能力，第（2）项指的是回应社会关切，让正义被看得见，第（3）项是有些被告人有意见，体现的也是程序正义原则。

这三项内容，体现的是实体正义要服从于程序正义，也就是在被告人认知能力有问题的情况下，不充分地举证，不充分地调查和辩论，就很难查清事实；在社会广泛关切的案件中，如果程序不走完整，就会给人潦草、糊弄的感觉，不能从程序的充分性上回应公众对公正的期待；有些人认罪，有些人不认罪，或者对简易程序有意见的，那对程序来说，就应该就高不就低，虽然普通程序对认罪的人显得麻烦一点，但是在公正的这个问题上是可以适当牺牲效率的。这三条实际上可以归结为一条，那就是效率服从于质量。

接下来司法解释第 298 条用五点内容丰富了《刑事诉讼法》第 215 条第（4）项的内容，归根结底这五点内容——其实具体明确的只有四点，主要是事实方面，就是在事实需要查清的情况，也是效率服从于质量。

所以其实立法的本意，或者说在考虑"其他情形"的相当性上，注重的不是事实相关性，而是效率服从于质量，服从于公正。

所谓的不适用简易程序，或者说转为普通程序，最简单的一点就是，为了实现公正办案，节奏上可以慢一点，程序要尽量走完整。

从这个角度上我们再来考虑"依法需要转换程序的"这个问题。

如果有《刑事诉讼法》第 215 条的前三项内容，或者司法解释第 298 条的前四项内容，那就直接符合依法需要转换程序的条件，就可以直接转换为普通程序。

如果没有这七种情形的，那就要考虑与这七种情形的相当性问题了。

相当性绝不仅仅是事实相关性，事实相关性只是一种情形。除此之外，辩护能力、社会关切等，只要有可能严重影响到司法公正的情形，都可以作为转换条件。

我们再看认罪认罚指导意见第 39 条，它是一个整体：被告人违背意愿认罪认罚，或者认罪认罚后又反悔，依法需要转换程序的，应当按照普通程序对案件重新审理。发现存在刑讯逼供等非法取证行为的，依照法律规定处理。

如果违背意愿认罪认罚，那就意味着有可能有威胁、引诱，甚至逼迫的情况，甚至可能有刑讯逼供和非法取证。对这些情形的调查就意味着要启动非法证据排除程序，需要对事实细节的详细核实和调查，这显然是简易程序中的简单举证质证无法实现的。

即使事实比较简单，甚至也没有特别多的分歧，但是这种非法侦查、逼迫认罪认罚的情形不搞清楚，这个审判下来，给人的观感恐怕也很不好。就算实体的判决没有多少问题，但是就是因为程序不能充分保障，也会显得不够自信，其中的正义无法让大家看见，也就不能让人信服。

这个时候转换为普通程序就不仅仅是查清事实，也是在查清违法，也是在回应社会关切，以程序正义的方式来实现实体正义。

事实标准或者实体标准带有很强的主观性，法官认为事实没有分歧，实体没有问题，并不意味着当事人和社会公众也这么认为，只有公众看清楚举证质证的过程，只有把程序走完整，才能确保这里没有猫腻。这就是程序正义的独立价值。

转换为普通程序就是在尊重程序正义的独立价值。

是不是这么回事，谁也不用说了，细细审来就好了。

实务中，除了因为违背意愿而否认认罪认罚之外，还有出于自己的主观意愿后悔和反悔的。

尤其是只是对认罚反悔，对认罪不反悔，也就是与事实好像无涉的。

上文也强调了，是否要转程序，不仅仅是事实的事，不是事实一个标准，还有程序的标准。

影响公正的情形除了冤枉、逼迫，还有纵容。

有些人罪行比较严重，因为认罪认罚获得了一个很大的从宽幅度，但是不满足，在法庭上又反悔，又想要更多从宽。

这个反悔的情形也没有说得很清楚，在简易程序中，就很容易过去了，就无法详细讯问反悔的真实理由。而且举证的时候也没有过多强调犯罪的危害性，毕竟是认罪认罚了。

但是一旦反悔，就意味着具结书失效了，从宽的依据没有了，那个从宽的量刑建议就不合适了。

这个时候就需要调整量刑建议，恢复到不从宽的幅度上来。这个量刑建议的依据是案件的事实和证据，这个时候有些证据就需要详细展开，而不是一带而过。

不再从宽的量刑建议，有些简单的案件可以当庭修改，有些复杂一点的，还需要进一步研究，这需要时间。有些公诉人还定不了，还需要庭后的请示汇报，这也需要时间。

新的量刑建议拿出来，被告人和辩护人还要阐述对量刑建议的辩护意见，这就更需要时间。

也就是对反悔情形的调查，对不再从宽的量刑建议的提出以及相关证据的提出都需要时间，以及更加充分的程序保障。

这些是不能通过简易程序混过去的。

既不能通过简化的程序让侦查违法、司法不公的情形一带而过；也不能通过简化程序让那些不真诚、不诚信的被告人蒙混过关。不让其蒙混过关也不是简单的不再从宽，而是在充分保障其辩护权的前提下依法不再从宽，也就是在程序正义的前提下实现实体正义。

这些都是简易程序所解决不了的，不转为普通程序能行吗？

不采纳量刑建议加重处刑，判决中不提认罪认罚，行不行？

在审查起诉阶段适用了认罪认罚，签署了具结书，在审判阶段也当庭确认了具结书，按照简易程序进行了审理，当庭也没有提到量刑建议是否有问题。

但是庭后法官与检察官沟通，认为量刑建议过轻，想加重刑罚，检察官没有同意。

最后，没有再次开庭，法院就直接下判加重很大比例的刑罚量，在判决书中也根本没有提及认罪认罚，好像认罪认罚的情况就不存在。自然也没有提及检察机关的量刑建议，更不要说对没有采纳量刑建议进行解释和说明。

这样的操作是否合适？

1. 观念

在回答这个问题之前，我们需要强调，认罪认罚是一种客观现实，认罪是客观的状态，认罚因为由具结书所固定，由庭审所确认，也是客观的。

既然如此，那就是完全符合《刑事诉讼法》第 15 条的基本条件，剩下的就是能否从宽的问题了。

认罪认罚是可以从宽，不是必须从宽，因此绝不能因为从宽不了就否定认罪认罚这个客观现实，这是不讲道理的。

就像我们不会因为从宽不了，就否认自首一样。这是一个基本的前提。

认为认罪认罚就一定从宽是一种刻板印象，这是因为这六个字经常连在一起造成的，它们之间只是一种或然的关系：虽然一般来说会从宽，但是并不等于一定会从宽。这与可以从宽的其他法定情节是一样的。

认罪认罚一般会带来从宽，这也给公众造成了这样的印象，好像司法机关承认其认罪认罚，就是在给被告人从宽，对于一些重大恶性的案件，承认了认罪认罚就好像在给被告人开脱。

即使这个刑罚根本就没有从宽，也还是会给公众带来一种从宽的错觉，公众会认为司法机关在打击犯罪方面比较软弱。只要不是顶格判，就以为是在从宽，这是一种误解。

就好像自首的被告人也有判处死刑立即执行的，你不能说死刑立即执行还叫从宽吧，这体现的就是对于这个法定情节的司法裁量，一般都从宽，但也有"不一般"的情况，也有不从宽的情况。因为这个情节适用得比较多了，大家已经走出了这个认识误区，逐渐认识到认定自首只是对法定情节公允认可，是否从宽不会受到自首的绑架，认定重罪被告人的自首不是在为其开脱，而是力求客观公允。

认罪认罚这个制度实行的时间还比较短，尤其是对从宽的宣传又比较多，所以公众对它的理解还比较狭隘和片面。它的本质与所有的法定量刑情节是一样的，那就是实体上先认定，然后再考虑是否从宽，两者是分开的。而认定认罪认罚这个情节本身，并不是一定要从宽，而是体现出一种公允的态度。

人家认罪认罚，你总不能装作没看到吧？否则，在法庭上确认具结书干什么呢？

2. 程序

承认认罪认罚之后没有再次开庭还加刑，显然也剥夺了被告人和辩护人关于量刑的辩护权。

因为之前不仅是因为简易程序，而且是因为认罪认罚，被告人已经认可了控方的量刑建议，控方除了量刑建议之外也没有额外的量刑诉求，两者是在量刑意见上完全一致的情况下进行的法庭辩论。

在量刑这个问题上根本没有争议，自然也就不会有什么辩论和意见表达。

被告人和辩护人也不会想到法官想要加刑，加之法官在审理的过程中也没有表达想要加刑的意图，这样辩护方就完全放弃了关于量刑的辩护权。

如果他们知道要加刑，肯定要发表一些看法的，但是法官根本没有给他们发表这个看法的机会。

检察官虽然被庭下告知，但也没有在庭审这个公开的场合发表不应加重刑罚的出庭意见。

这样的庭审程序岂能让人信服？这必然会引起激烈的上诉程序，即使二审维持原判，对审判程序不公开不透明的诟病，也必然影响司法的威信。

而且，在量刑缺少控辩双方充分发表出庭意见的情况下，所作出的结论也难免草率。

为什么案件需要开庭审理？为什么要讲庭审实质化？目的就是体现兼听则明，体现程序的保障。因为人并不是绝对理性的，抛弃程序进行的司法裁决，就容易陷入司法恣意之中，让非理性的主观臆断占了支配地位。以所谓的正义之名，所谓的善良愿望，最终背离正义的初衷，成为一种司法专断。

3. 审判义务

作为认罪认罚案件来审，在判决中却完全回避认罪认罚的现实，就是在规避程序法律对审判的约束，就没有履行必要的审判义务。

比如认罪认罚案件量刑建议一般应当采纳的义务，以及不采纳的说理义务。

即使不采纳，也总要说明量刑建议明显不当的理由，如果也说不出来什么理由，干脆就不写了，也就是不想讲这个理了，就是不想讲程序了。这样的话，程序违法性更加严重。

这也规避了对量刑辩护权的维护，规避了二次开庭的程序。

这个时候加重刑罚实际上是利用了被告人、辩护人对认罪认罚制度的信任。

是创设了一个控方立场，法官自己再悄悄地认可，某种意义上也违背了控审分离原则。

这也是刑事诉讼法要求认罪认罚量刑建议一般应当采纳的原因，事实上即使不采纳一般也应该是从轻判处，因此从重判处就是一种控方的立场。

辩护方即使反对这个立场，但由于是法官提出来的，反对也是无效的。

我个人建议，未来可以考虑对不采纳量刑建议并加重处刑的在程序上予以一定的限制。

至少也应该再次开庭，当庭允许就量刑问题发表意见，在控辩双方均反对加刑的情况下一般也不得加刑。

现在即使法律没有这种对裁量权明确约束，至少也应该以开庭的方式听取意见，从而体现最起码的程序公正。

程序公正是以审判为中心的基石。

如果抛弃了庭审，演变成"暗箱审判"，那绝不是以审判为中心的诉讼制度改革的发展方向。

如何建议调整量刑建议?

认罪认罚案件中，检察机关很少主动调整量刑建议。很多量刑建议的调整都是基于法院的建议作出的。

但是无论是《刑事诉讼法》还是最新出台的《规范量刑程序的意见》中，都没有就法院如何建议调整量刑建设作出明确的规定。

实践中，法官的建议往往是口头上的，很多时候甚至是不明确的。

有的会说轻了重了，还有的会说缓刑合适不合适，更有甚者就直接说量刑建议不合适，问检察官要不要调。就像在问是否服从调剂。

检察机关对量刑建议的调整往往是书面的，有专门的量刑建议调整书，而且对量刑建议的调整一定是具体的，而不是含糊的。

这就形成一种鲜明的对比：一方面是口头的、模糊的；另一方面是书面的、具体的。

这也必然带来一种不协调。

因为口头的、模糊的调整意见，并没有一个具体的指向性，这就会导致量刑建议的调整无法称法官的心意，甚至有的检察官还可能领会错了法官的意思。

也有可能是法官在建议调整的时候自己也没想清楚，比如检察机关建议实刑，法官认为可以考虑判缓刑，就建议检察机关调整。等到检察机关调整之后，法官却又改了主意，最后判了实刑。

这样不仅让检察官摸不着头脑，被告人的心理预期也像坐过山车一样，忽上忽下的。

这一切都源于调整意见的不具体。

有时候，很多检察官为了急于获得量刑建议的采纳，也会进行无原则的调整，甚至是盲目的调整。

法官在法庭建议调整量刑建议的，检察官一定要问明白三件事：

1. 为什么要调整量刑建议？请释明原因。

2. 量刑建议调整的方向是向上还是向下？

3. 量刑建议调整的幅度到底是多少，调整到多少才合适？

最好还是请法官提供书面的建议，以便启动量刑建议调整的审批程序。

不问明白就调整，不是瞎调整吗？对于笼统说量刑建议不合适的，实际上就是没有指明量刑建议调整的方向，在没有方向的情况你怎么调整都有可能是错的。

而且要求法官对量刑建议调整意见予以明示或书面化，也有利于固定法官的意图，避免出尔反尔，从而导致量刑建议调整的反复，以及由此带来的司法公信力的损伤。同时，也可以确保调整意见的严肃性，一定是审理清楚后，想清楚后，再建议调整，避免随意建议调整，从而导致随意调整，最终导致检察机关在量刑建议上的出尔反尔。

在明确建议调整量刑建议的原因、方向和幅度后，检察机关才方便审查确定是否需要调整。如果所要求调整的幅度超过检察机关的接受范围，严重背离罪责刑相适应原则，甚至调整的方向与检察机关所认可的方向背道而驰，包括希望调整量刑建议的理由过于牵强、毫无必要，检察机关都可以选择不再调整。

如果这个时候量刑建议没有被采纳，就可以通过抗诉的方式主张自己的诉求，开展法律监督。

尤其是审判机关在量刑建议之上加重刑罚的时候，检察机关的抗诉就可以与被告人的上诉形成一种合力，有利于更好地发挥监督的作用，而且还能保护当事人的权益。即使抗诉未必一定成功，至少也树立了检察机关言而有信的形象，兑现承诺，从长期看也有利于认罪认罚工作的开展。

如果违心地进行了调整，无原则地迁就，最后虽然获得了量刑建议被采纳的数据，但是如果这个时候发现量刑其实是不当的，调整是不妥当的，也无法有效开展监督工作了。毕竟是按照检察机关调整的量刑建议判的，还怎么抗诉呢？

这种情况下，往往会引起被告人的不满，尤其没有与被告人沟通就调整的情况下，甚至会引发被告人的愤怒，认为检察官言而无信，同时还会对此进行"宣传"，让其他人也不再相信检察机关。在解释判决的时候，法院也可能告诉他，这是按照检察机关的建议判的，最终矛头都指向了检察机关。

此时，检察机关已经没有机会向被告人说清楚，其实不是我们想主动调整量刑建议，而是在法官的建议下调整的。而且，即使解释，检察院也没有书面的证据，因为法官并没有提供书面的建议。但是检察机关的量刑建议调整可是以书面形式进行的，白字黑字，百口莫辩。

从程序的对等性原则或者严谨性原则的角度出发，既然要求检察机关以书面形式调整量刑建议，那调整量刑建议的意见也应该以书面形式提出，否则应该视为无效。至少应该在法庭上要求法官予以明示，并以庭审笔录的方式予以固定。

认罪认罚的留所服刑

这个问题存在不少分歧，也提出了不少解决方案，但是至今没有完全达成共识。

1.

留所服刑这个事儿，还要从头说。

1996 年的《刑事诉讼法》就有"留所服刑"了。当时规定的是"罪犯在被交付执行刑罚前，剩余刑期在 1 年以下的，由看守所代为执行"，这就是留所服刑。2012 年《刑事诉讼法》修改，将"1 年"改为"3 个月"。

当时就有人利用这个规定，通过技术性上诉的方式，实现留所服刑的目的，但是那时候还没有认罪认罚，不存在所谓"反悔"的问题，也没有引起太多关注。

这两年由于认罪认罚纳入《刑事诉讼法》，普遍推开之后，适用率极大提升，尤其是像危险驾驶这种轻微犯罪基本都适用了认罪认罚，而刑期也都是几个月。

有不少此类案件的被告人在同意检察机关的量刑建议、签订具结书，法院也照此下判之后，仍然提出上诉，公然撕毁具结书。

法官问，为什么上诉？很多上诉人也承认就是为了留所服刑，当然还有想留所服刑但没有明说的。

我们国家采取的是无因上诉，对上诉理由是没有限定的，所以说是为了留所服刑也没事。

那么留所服刑有什么好呢？

第一，从地理位置上，看守所一般比监狱离城区要近，方便探视、送药等。

第二，有的被告人认为监狱比看守所管理更严格，还有可能要劳动，害怕被管。

第三，有些看守所条件好一点，比如有空调，被告人希望在环境更好的地方服刑。

第四，能够在看守所里服刑，给人的印象就是自己的行为要比监狱的人轻一点，同样的刑期能够在看守所服刑也说明自己更有"本事"。

第五，已经熟悉一个环境就不想动了，熟悉的环境能给人更多的安全感，也怕到新的环境会"挨欺负"。

还有就是同监室人员的描述、鼓动。这种有可能实现留所服刑的人员，往往是轻刑犯，也就第一次"进来"。对于看守所和监狱的对比，之前根本不可能有充分的考证，所以全凭别人说，听有经验的人一说也就信了。

最重要的是通过上诉实现留所服刑，没有任何风险。原来检察机关不抗诉，后来抗诉了法院基本也不改判。只有可能往轻了改判，几乎不可能加重刑罚，实体上不会有损害。而且熬一熬，二审判完，不管结果如何，留所服刑的目标基本都实现了，简直十拿九稳。而且这种成功的案例，俯仰皆是，自己为什么不试一下呢？

尤其是，上诉以后，法院、检察院都要来提讯，律师还要来会见，有的还能开个庭，等待的日子也就没有那么枯燥了。

这一切，都是上诉带来的。

这么稳赚不赔的"买卖"，怎能不让被告人动心？

2.

但是认罪认罚之后又上诉，对认罪认罚的破坏性呢？

被告人并不在意，即使对于司法机关的影响，也不见得所有人都在意。

因为这不是他们切身的利益，而且破坏之后也没有惩罚性措施，对于这种规定只能奢求他们的觉悟。

认罪认罚的目的在于提高效率，所以才给予刑期的折扣。

但是被告人这一边不仅要折扣，还要刑罚执行的舒适度，谁管你的效率？

而且这是一份双方的书面合意，即使是民事合同，如果公然违约，也要缴纳违约金吧，更何况有的还有提前要定金。

所以民事合同也不仅仅是依靠道德履行的，没有惩罚机制，就不要谈法治。

更不要说，这是一份刑事合意，这不是对司法权威的公然藐视吗？

藐视就藐视了，你又能拿他怎么样呢？

就像排队，只要有一个插队的不纠正，这个队伍就乱了。

因为这是对秩序的藐视，如果通过破坏秩序可以获利，这不就成了对守秩序的人的惩罚吗？

这怎么对得起其他老老实实排队的人呢？

你想留所服刑就留所服刑，别人不想留所服刑吗？

如果所有人都可以留所服刑，那还要《刑事诉讼法》的规定干吗？

当然，这里也有短期自由刑的问题，也有轻罪高羁押率、高起诉率、高实刑率的问题。我想，如果一个取保候审的人，就不至于来折腾这个事吧？我还没有听说取保的被告人无理由上诉的案子。

也不得不承认，有些被告人也可能有特殊的困难需要留所服刑，但这并不能否认还是有很多被告人以各种困难为借口，本质只是想舒服一点。

还有不少人，即使是为了留所服刑，也不会承认这个目的。而另一些人，即使不是为了留所服刑，但是如果发现这个理由可以激发法官的同情心，可以让检察机关撤回抗诉，他们也会声称是为了留所服刑。

对于这个意图，你又能怎么验证呢？

这很难识别，因为你很难通过语言表示来识别人的真实意图。

判断真实意图，最好是依据行为。

3.

那该怎么办呢？

现在开的药方已经不少了。

有的说可以搞有因上诉，就让二审法院对上诉理由进行识别、过滤，确认是想留所服刑的，就直接驳回上诉，无须启动二审程序。

但是你怎么识别？他坚持说事实不清、证据不足，量刑过重，不可以吗？

你又怎么能够识别上诉不是因为这些理由呢？

这个时候，他发现留所服刑成为对自己有害的理由，他就会不承认了，但并不等于他不是这么想的。

而且谁说留所服刑只是一个单纯的理由？它就不能夹杂一丝从轻处罚的意图吗？能够顺带从轻当然更好。

最重要的是，即时被发现了也没有任何不利后果，只是稍微降低了一下留所服刑的成功率而已。

还有人说，可以允许法官不将二审期间折抵刑期，用以惩罚无理由上诉。但是这有违控审分离原则的，这相当于在没有抗诉的情况下加重刑罚，无异于让法官同时履行了指控权。

相类似的，还有人提出在没有抗诉的情况下，可以通过发回重审的方式加重上诉人刑罚，这也是公然违背上诉不加刑原则的。

还有人建议，进一步压缩留所服刑的刑期标准，比如将 3 个月改为 1 个月，从而进一步降低留所服刑的空间。但是不要忘了，这里还有成本问题需要考虑。

4.

这些都不行，那到底应该怎么办？

我认为，从长远看，还是要尽量解决短期自由刑的问题，这才是根本。

有人会说，危险驾驶最多才判 6 个月，我们还觉得轻，还有那么多人醉驾。你要是再轻，非实刑。那还得了？

刑罚的内在逻辑不是这样的，首先要罪责刑相适应，对种行为增加刑罚，还能增加到哪去？能判他 10 年吗？

判四五个月，熬一熬，还弄个留所服刑出来，还不长记性。

判缓刑吧，给人感觉好像没事了似的，预防功能又好像不够。

针对这个难题，我认为有必要设置一些社区服务刑罚，虽然不是长期羁押，但是可以长期提醒，这是很重要的。

比如判处社区服务 500 个小时，不多吧，合计才 20 多天。但是可以要求他每周完成 1 小时，分 10 年完成。虽然不重，但是个提醒。这是不是比顶格判 6 个月一次性完成，效果要更持久？

所以刑罚的轻重不是表面的，重要的是能不能发挥预期的效果。

另外，还可以通过电子手铐普遍降低轻罪的审前羁押率。这些案件本身的羁押必要性就不足。现在的主要问题是取保候审在保障到案上缺乏力度，容易让司法人员有失控感，通过电子手铐制度可以极大增强取保候审的监控能力，从而产生不羁押也可以确保到案的效果。

取保候审的增加将进一步降低实刑率，从而为留所服刑问题的解决奠定基础。

通过非羁押、非实刑降低短期自由刑比例，但又通过电子手铐、社区服务提升执行效果，也就是通过增加心理影响替代对人身的约束和限制，发挥真正意义上的司法功能和刑罚功能。

用更加实质的方式解决问题，才是治本之策。

5.

当然这都是比较理想化的考虑，而且涉及的立法的、制度的建构完善，是一个长期的过程。在这个过程中也会有不同的意见，短期内还无法是实现的。

短期内可以采取以下措施：

一是发挥检察机关的裁量权，在条件允许的情况下尽量避免审前羁押。尽量实现认罪认罚案件，尤其是速裁案件的审前不羁押。体现认罪认罚程序从宽和实体从宽相结合。对于一些更加轻微的案件，犯罪嫌疑人认罪认罚态度特别真诚、悔罪表现明显的，也可以考虑做相对不起诉处理。

二是在提出量刑建议时，一方面要尽量提出确定刑量刑建议，给被告人明确的心理预期；另一方面要格外重视缓刑的执行方式，能够适用缓刑的，要明确提出缓刑建议，进一步减少实刑。

三是对于认罪认罚之后无正当理由提出上诉的，要敢于依法提出抗诉。法院也应该多支持抗诉意见，让量刑恢复常态，发挥示范作用，维持认罪认罚的整体秩序。

6.

对于抗诉，有不同的声音，认为这是上诉人的正当权利，检察机关的抗诉会压制这个正当权利的行使。

事实上，这个时候的抗诉不是压制，而是救济。

如果上诉人不是为了留所服刑，而且确实应该更轻判刑，那检察机关的抗诉也阻止不了法院对他的从轻改判。

如果只是为了留所服刑，不管他本人是否承认，这都不是一个正当理由。

在短期自由刑不能根本改变的情况下，它就是一种现行的执行方式。你犯罪了，就要接受刑罚处罚，这是天经地义的。

检察机关可以尽力地降低短期自由刑的可能，但不可能从根本上改变。

这个时候，作为被告人就要接受这个刑罚安排，这也是认罚的应有之义。

挑选服刑场所和服刑方式，从来不是服刑人员的权利。

更不要说，认罪认罚具结书是双方书面确认的结果，还有辩护人和值班律师的见证，是非常严肃的承诺。

检察机关也正是基于这份承诺及其所带来司法效率的节省，才会提出更加轻缓的量刑建议，法院基于检察机关的量刑建议，才最终判处了轻缓的刑罚。

而上诉行为，就是推翻了认罚的承诺，实际上是撕毁了具结书，自然就不应再享有这份量刑折扣，而是应该恢复到正常的量刑尺度上来。比如正常应该判4个月，适用认罪认罚判处两个月，现在就要恢复到4个月。

本质上也不是加重了，只是不能再打折扣了。

因为你已经不认罚了，而且效率的节约也不存在了。

如果不抗诉，正常的刑罚怎么恢复？没有抗诉就恢复，那不是违反上诉不加刑原则了吗？

有的法院即使违反基本的刑事诉讼法原则，也不愿意接受检察机关的抗诉，也不知道是怎么想的。

关键是按照现行的法律，不抗诉就恢复不到正常的刑罚上来，这就等于刑罚的折扣被骗到手了，最后再弄一个留所服刑。这让老老实实认罪认罚，老老实实下监服刑的人怎么想？还是老实人吃亏。

所以抗诉也是给老实人一个说法。

还有人认为，检察院抗诉抗的是法律适用错误。

但是法官在量刑的时候没有法律适用错误啊，被告人当时也认罪认罚了，就是按照当时的条件判的。

那我们抗什么呢？

我们抗的是判决中的刑罚折扣，我们抗的不是法官的行为。法官当时没有错，因为法官和当时的检察官一样，都蒙在鼓里呢。

现在是通过上诉的方式，暴露了当时被告人不是真诚地认罚，不认罚，具结书就无效了，量刑折扣就没有了，就不应该按照认罪认罚轻缓处罚了。再给量刑折扣就不对了。

法官没有错，并不等于判决没有错。他只是被欺骗和误导了。

我们抗的就是这个判决。

7.

看到检察机关抗诉了。有的上诉人又会撤回上诉。

这时候，有的人就会问，撤回上诉我们就没有抗诉基础了，那是不是也要撤回抗诉呢？

我说，我们抗的不是他的上诉，而通过上诉行为体现的这种认罚的不真诚性。

他已经通过上诉暴露了，他是投机的认罪认罚，具结书已经被他撕毁了。撤回上诉就能粘回来吗？

具结书是双方合意，他已经撕毁了，他现在单方面想找回来，能直接发生效力吗？

而且他上诉一次多方便，检察机关作为国家机器能说启动就启动吗？

他撤回上诉，你就撤回。回头别人再上诉，你再抗诉，他再撤诉，你就再撤抗。还有完没完？

上诉的人有多少？几千人。你一年能抗几件？几十件到头了。你能和他一样吗？

抗诉的目的是维持认罪认罚的秩序，现在的抗诉是为了将来少抗诉。

你现在撤抗，示范效应没有充分发挥出来，以后还需要更多的抗诉顶上去，效率反而更低。

抗出来，就应该尽量一抗到底，这才能真正发挥作用。

我们也不是为了阻止他上诉，事实上你也阻止不了。

我们只是将事情恢复到本来状态，恢复到应有的刑罚水平，并通过这种示范让其他人看到认罪认罚的严肃性，这不是闹着玩的。

留所服刑也不行，而且有些所谓留所服刑的理由也未必是真的，很多司法官听到留所服刑就表示理解。其实有些时候连留所服刑这个事法官都没搞清楚。

比如有的危险驾驶的案件就判了 1 个月，被告人还提出上诉，能叫留所服刑吗？根本不需要通过上诉的方式争取时间。

甚至有的被告人只是听说二审法院开庭有包子吃，所以就上诉。当时所有上诉的都开庭呢。

但是这种真正的理由有多少人会承认？

8.

对于留所服刑的真伪问题，我们不能仅仅听上诉人的辩解，也要关注一下余刑。

比如余刑在 3 个月以下的，《刑事诉讼法》规定就可以留所服刑了。这个时候你再说因为留所服刑上诉，你有什么必要呢？

事实上，不仅是 3 个月，4 个月以下的都要充分注意。现在的实际情况是，判决、裁定生效 10 日内由法院向看守所发《执行通知书》，看守所在 1 个月之内要执行。因为监狱在全省范围内统一调配，所以看守所要积存一波，每周一次、每半个月一次，都有可能。

也就是宣判后，还有 4 个月以下余刑的，也很有可能就直接留所服刑了，根本也不用折腾了。

还有余刑 7 个月以上的，通过上诉拖延时间的成功率也很低，时间太长了。

只有余刑在 4～7 个月之间的，说是为了留所服刑才有一定可能。

即便如此，我也认为在初期还是要特别注意认罪认罚秩序的维护，依法提抗、支抗还是有必要的,这是司法严肃性、罪责刑相适应原则和法律面前人人平等原则的体现。

有些地区为了减少以"留所服刑"为目的的上诉,通过推迟发送《执行通知书》、推迟送监等方式人为扩大留所服刑的范围。这种通过突破法律和现行规定的方式解决方案并不可取,也不可能从根本上解决问题。

想从根本上解决问题,还是要下力气解决短期自由刑的问题。

短期内不能从根本上解决的,可以在现有的法律框架下尽量逐步解决。

对于仍然需要执行短期自由刑的,我们也要坚持法律的严肃性和平等性。因为不让诚实守信的人吃亏,是司法公正的基本前提。

认罪认罚的抗诉

之前有文章提到"乱抗诉"的问题，看似是在具体的语境中提出来的，其实带有一定的普遍性。就像我之前写到的《无罪恐惧论》《不起诉书是问题还是成绩》，就像对无罪和不起诉的恐惧一样，对抗诉的恐惧其实是对司法规律的恐惧。

"乱抗诉"中的"乱"没有一个具体的标准。因为只有超越了合理的尺度才叫"乱"。在没有给出合理尺度的情况下就说是"乱"，是一种始终无端的指责，这才是真正滥用话语权的行为。

相对于海量的上诉案件，抗诉案件的数量微乎其微，上诉率一般都在10%以上，而抗诉率只有千分之几个点，往往是一百件上诉案件才会有一件抗诉案件。在这种情况下，能说是在用"乱抗诉"对抗"乱上诉"吗？这种指责没有事实的依据。

有人主张检察机关对认罪认罚的上诉持包容态度，体现所谓的"度量"。但对这种上诉也不是完全不管，主要就是由法院来管，具体来说就是"违背具结协议上诉无理的，不予支持，该依法发回的，坚决发回，不再按认罪认罚案件从宽程序处理，让'失信被告人'付出程序与实体双重代价。""不再按从宽程序处理"，难道还能加重刑罚不成？

如果在检察机关没有抗诉的情况下通过发挥重审的方式加重刑罚，不是公然违背了上诉不加刑原则吗？

宁愿违背"上诉不加刑原则"，由一审法院来加重刑罚，也不让检察机关抗诉之后合法地加重刑罚，这是一种什么样的"度量"？

这是什么样的心态？貌似以中立立场保障当事人的上诉权，实则是排斥和反对监督，是一种即使有问题也不希望被人来管的司法擅权的态度。

文章也提到了"上诉无理"和"失信被告人"，也承认这些案件可能存在问题，需要纠正，只是不希望检察机关通过抗诉的方式帮助纠正。

就像实践中有些认罪认罚抗诉案件，二审法院明明知道一审判决有问题，甚至在二审裁定中写了有问题，但就是不改判，表明审判权才是绝对的权力。不管你怎么抗，我就是可以不改，甚至可以知错不改。相比于此，抗诉权才是相对弱势的，它不具有这种绝对性，只能启动审判程序，没有实体决定的约束力。对于这样没有决定权的权力，谈什么"乱用""滥用"？为什么不谈知错不改的"乱维持"？这种行为才是更应该监督的。

这样的思想本身，我们更应该加以警惕，防止法官擅断正是检察机关的存在价值，而抗诉权是其中的重要手段，借着这个机会，我想重点谈一谈抗诉的本质及其功能。

1. 抗诉体现的是法治思维

抗诉权具有法律监督权和救济权的双重属性。抗诉是以检察机关的名义提出的，理由是判决、裁定确有错误，是检察机关监督权的体现。但是最终是否改判，或者说是否采纳抗诉意见还是法院自己决定的。因此，抗诉权作为监督权不是绝对的，它还具有了一种救济属性，这种救济属性是双向的，既可以抗重，也可以抗轻。

比如认罪认罚之后，法院在量刑建议之上判处刑罚的，检察机关也可以提出抗诉，这时候就会与上诉人的上诉在方向是一致的。因此，检察机关的抗诉不仅是求刑权的延续，也是检察机关客观公正的法律监督职能的体现。

如果抗诉权有什么特殊性，那就是在提出加重刑罚的抗诉时可以突破上诉不加刑原则。对于没有抗诉只有上诉的，即使量刑有误也不能加重上诉人的刑罚。这样一来即使一审量刑有问题也纠正不了，即使发回重审，如果不增加新的犯罪事实也不能加重刑罚。

因此，认罪认罚的量刑如果有问题，需要加重刑罚的，只能通过检察机关的抗诉纠正，而不能通过发回重审的方式纠正。

这个时候，抗诉体现的是一种法治思维，是通过合法的程序手段解决问题，这是多年来司法改革不断追求的程序正义和法治思维。

虽然抗诉是由检察机关提出来的，但是由于它的非决定性，它的作用一方面是给审判机关提个醒，重视该案的某些问题，引发二审程序；另一方面是给审判机关创造了一种可以在法律框架内纠正量刑不当的可能，可以合法地判处更重的刑罚。

对于认罪认罚又上诉的案件，很多只是恢复到没有量刑减让的幅度而已，就是一种撤销量刑折扣的行为。这种撤销行为只有在检察机关提出抗诉的时候才是符合法律规定的。

简单通过发回重审的方式取消从宽才是一种非法治的思维，是在公然违反不加刑的刚性法治原则，是一种将实体正义凌驾于程序正义之上的思维。

2. 抗诉是在坚持司法规律

什么情况下应该抗诉，就像什么情况下判决无罪是一样的，它是司法规律的体现。

虽然无罪判决在有些地区增加的比较多，但是很少有检察机关指责法院滥用审判权，我们一般只会说这是以审判为中心的体现，是庭审实质化的必然趋势。检察机关要加强办案质量，还要向侦查机关传导标准共同提高办案质量，因为我们知道认识到问题才能解决问题，把问题遮盖住是解决不了问题的。

抗诉多了一点，是不是首先要问的那个案子到底有没有问题，量刑有没有问题？即使二审法院没有改，那到底是案件本身没问题而没改，还是有问题而故意不改？对此，我想最高审判机关应当予以关注。

就像我们对不起诉案件中被公安机关申请复议复核的案件会重点予以关注，但我们从来没有说过你们不应该申请复议复核。或者申请复议复核多了就是"滥用"复核权。如果真不申请复议复核了，你又怎么发现问题呢？因此，害怕抗诉的本质不仅是排除外部监督，也是害怕内部监督。

因为，既然是检察机关正式提出来的抗诉意见，当然会引起上级审判机关的重视，甚至会将抗诉率作为一个重要的负面指标予，并将抗诉的案件作为重点案件予以复查。真的没有问题还好，如果有问题，迟早会被发现。

不要抗诉的本质上是不想暴露自己存在的问题。

另外，还有一个重要的心理因素，就是审判机关与公安机关一样，已经习惯了弱势的检察机关。近年来通过推进以审判为中心的诉讼制度改革，进一步强化了审判机关的地位，个别案件中也存在法官中心主义的倾向。

在检察机关普遍担心无罪案件增多的情况，个别法院也存在以无罪案件来阻吓抗诉的情况，事实上检察机关的审判监督从整体上也呈现了下降的趋势。

法官逐渐适应了弱势的检察机关，突然增加一点抗诉案件就会很不适应。这就像不批捕和不起诉增加的初期，侦查机关的不适应一样。以前都诉的为什么现在诉不了了？为什么原来都不抗诉的，现在抗诉了？

不是"应该"怎么样，就怎么样吗？这才是司法规律啊。

人为地限制或者打压某一个司法行为，这本身就是违背司法规律的体现。

对检察机关而言，有时候一些权力长时间不用，都忘了自己还有这个权力呢。突然一用，自己也胆小，尤其是对方有意见的情况下，就越发不自信了。对方都有意见了，我们还抗，这合适吗？你抗不抗诉，跟他有没有意见有什么关系？只要你确信抗得对就行了。只有各个司法机关都敢于发表自己的意见，这样碰撞出的司法公正才是真正意义上的司法公正。

个别认罪认罚抗诉案件，在召开审判委员会的时候，很多委员都发表了支持检察机关抗诉意见的观点，但是刑庭的负责人就说，这不是案子本身的问题，还是涉及我们的量刑权，请大家考虑。结果就变成了同意刑庭的意见。如果只问权力，不问是非，是不可能实现司法公正的，也必然违背司法规律。

刑事诉讼法明确规定，认罪认罚案件法院"一般应当采纳检察机关的量刑建议"，两高三部的指导意见规定，检察机关"一般应当提出确定刑的量刑建议"，这两个"一般"在实质上赋予了检察机关在量刑领域更大的话语权，通过这个话语权才能与犯罪嫌疑人沟通，才能做工作。说的话老被否定，老不算数，还怎么进行沟通协商？

这是立法性的调整，也在最高司法机关层面达成了共识，但个别法官仍然对此存在误解，认为这是侵犯了法官的量刑权。对抗诉权的一些意见，本质上也体现了对新的司法模式的不满，这不是通过打压抗诉权所能够解决的，而是需要转变理念适应新的司法模式。量刑建议也不是检察机关单方面决定的，它需要得到被告人的同意，以及辩护人或值班律师的确认，体现的是控辩双方的合意。这也是审判机关"一般应当采纳"的根本原因，很多时候检察机关的量刑建议是 7 个月，被告人也是同意的，法庭最后判 8 个月。这 1 个月的差异体现的到底是对"明显"不当的准确把握，还是只是一种情绪性的表达？这是需要认真思考的。

3. 抗诉也是在维护司法权威

抗诉也是在维护司法权威，甚至是维护司法机关共同的权威。

比如认罪认罚中没有正当理由的上诉。本来控辩已经达成了一致意见，2 个月刑罚，法院也是按照这个刑期判的，到头来被告人还是上诉，真正的上诉理由五花八门。有的说是为了留所服刑，就是不想换个服刑场所，但是服刑从来不是以舒服为目的的，这个理由是否充分、合适？

当然，这里也有短期自由刑的问题。从总体来看，目前轻罪的羁押率、实刑率还比较高，需要通过推广电子手铐和非羁押刑等创新机制加以解决。

但是在现有条件下，刑罚执行还是一个严肃的问题，应该授予部分被告人通过上诉的方式挑选执行场所的权利吗？

这对其他安心服刑的被告人也是一种不公平。

还有的被告人说，我最近有点事要处理，所以要提出上诉。更有甚者，上诉的理由是"听说二审开庭时可以吃到包子"。当然还有各种各样其他的理由，表面上都不直接说是因为量刑，但是二审法院能够减轻刑罚那就更好，也就是对上诉抱有一种投机心理：只有好处没有坏处为什么不干？而且检察机关也不抗诉，只要不抗诉，上诉不加刑原则就可以确保自己安然无事。至于通过上诉给自己带来的不诚信的评价，增加的司法成本，破坏的司法公信力，都无所谓。

认罪认罚的本质，是因为被告人为司法效率的提高作出了贡献，给予其一定的量刑减让。同时，被告人的认罪认罚态度也表明其人身危险性有一定程度的下降，改造的难度也有所降低，这是一个良性的循环。

但是被告人的上诉不但使司法成本变得更加高昂，进而也暴露了其认罪认罚的真诚性有问题，不是发自内心地尊重司法机关的裁决，而是抱有一种投机心理和侥幸心理，带有强烈的功利性，反映的是对司法权威的藐视。

对于这种破坏司法公信力的行为，检察机关的抗诉就不只是追求更重的刑罚，而是要求刑罚回到其本来的状态。这是一种合法也合理的要求，怎么会变成"度量"有问题？

京师检察厅检察长杨荫杭有言："……查检察官职司搏击，以疾恶如仇为天职。昔者有言：见不仁者诛之，如鹰鹯之逐鸟雀。此诚检察官应守之格言。因检察官本不以涵养为容忍为能事也。"

对于这种破坏诚信、破坏司法公信力的行为，面对认罪认罚上诉率仍然偏高的现状，检察机关的抗诉是在维护整个司法机关的公信力，建立认罪认罚量刑的司法秩序。

因此，在认罪认罚普遍推行的初期，检察机关对此就是要果断抗诉，并且一抗到底。正如张军检察长在控辩审三人谈中说的，现在的抗诉是为以后的少抗诉。因为如果你不制止一个人插队，其他人都会开始插队，最后连整个队伍都没有了。

抗诉与上诉、不起诉、无罪判决一样，都是一种必要的司法行为，其反馈的都是司法系统运转过程中的必要信息，从而保障司法系统的良性运转。就像痛觉之于人体，虽然不舒服，却是万万不可缺少的，因为它提醒我们有风险。这就像讳疾忌医，如果你回避这种小风险的提醒，大的风险就不远了。

我们不应惧怕风险的提醒，我们应当惧怕的，是风险的累积。

因调整量刑建议上诉，不宜抗诉

有时候指控的事实和情节都没有变化，但就是因为法官提了建议，当然汇报之后领导也觉得有道理，检察院起诉之后就会调整量刑建议。

我个人的意见是一般是不要调整量刑建议，因为这相当于出尔反尔，不管被告人上不上诉，都会损害司法公信力。人家肯定会说检察官的量刑建议不靠谱，以后不要相信了。这才是最可怕的。所以量刑建议的调整绝不是一个案子的事，更是一个司法诚信问题。

再说了，事实情节又没有变化，也没有调整的依据啊。当初签具结书的时候，这个量刑建议可是检察机关提供的，现在又突然说不合适了，当初想什么了？

即使现在觉得有一些不合适了，但是为了维持公信力，最好也不要调整了，就当是总结经验教训了，因为要考虑长远。

当然了，不排除有时候迫于法官的压力，或者为了追求量刑建议的采纳率，或者本院领导就是坚持要求修改量刑建议，这也还是会发生起诉后调整量刑建议的尴尬情况。

这是让检察官很难受的，因为承担这个压力的是出庭的检察官，被指责出尔反尔的也是公诉人，但是公诉人无法向他解释，这个也不是他的意愿。说这个也没有用，而且也不合适。

当然如果能够在庭前沟通一下，尽量达成谅解，让被告人再次接受已经调高的量刑建议，那是最好的了。

可以想象，很多时候是难以做通这项工作的。因为这不仅仅是刑罚轻重本身的问题，也是严重违反被告人心理预期的。被告人的心理预期就是检察机关的量刑建议是不会轻易改变的，不会出尔反尔的。

这个调整会破坏他的心理预期，让他难以接受，让他对司法机关整体上失去信心。让他拿不准到底应该相信谁？

这样不理解、不满意的情绪，在法庭上往往就会表现出来，让庭审效果不好。你也不好说他是不认罪认罚，因为之前的具结书合法有效，凭什么检察机关单方面就可以撕毁？

所以即使被告人不接受新的量刑建议，也不好说他就是不认罚的。

既然是法官建议调整的量刑建议，自然也会按照这个建议判。

被告人没办法改变一审法官的意见，那就只好上诉。

这就不好说被告人是无正当理由而上诉了。因为首先破坏具结书稳定性的不是被告人，而是检察机关，虽然这里也有一审审判机关的意见。

是因为司法机关没有信守承诺，导致量刑预期被破坏而提起的上诉，实际上是坚持原有具结书和量刑建议的合法有效，主张自己预期的从宽利益，这是一种合法合理的诉求。

反倒是无正当理由调整量刑建议的行为值得商榷，当然，无正当理由建议调整量刑建议的行为也同样需要商榷。对于这些司法行为应该予以适当的规范，对量刑建议调整应该设置一定的前提条件。

比如增加了指控的罪名和事实，至少是重要的量刑情节，导致量刑建议的基础发生了变化，或者本案的证据发生了变化，被告人不再认罪认罚，等等。

如果这些情况都没有发生，被告人依然坚持好好地认罪认罚，只是法官觉得好像从宽太多了，这就显得有点任性了。

从被告人的心理考虑，如果他知道这个对量刑建议调整的动议是来自于审判机关，而最终定罪量刑的也是审判机关，那他往往就不敢反对这个提议。因为他害怕受到法官的"报复"，被处以更重的刑罚。比如本来建议增加两个月的，就因为他不接受，最后增加了 4 个月。

这就是对司法恣意的恐惧吧。

法官动议加刑，检察官调整量刑建议，被告人哪里敢反对？

不反对，并不等于发自内心地接受。

上诉就是最好的回答。因为你判了，这个不利的结果已经确定了，即使上诉也不可能更重了，所以这个时候才会选择上诉。

当然这只是对一审来说，如果检察机关认为判得还不够重而抗诉，理论上是可以继续加刑的。

但是首先，这个更重的量刑建议在一审就提过了，法院也判了，法院满足了更高的求刑需求（很有可能就是法官自己的求刑需求），目标已经达成了。

其次，我们原来答应给的从宽幅度，后来没有给，就是认罪认罚之后没有从宽，或者说从宽的幅度有所保留了。也就是被告人没有获得从宽的利益，自然也就没有必要通过抗诉来予以纠正了。

再次，虽然被告人在法庭上再次接受了提高了的量刑建议，但是在法庭的压力下，其自愿性已经打了折扣了。与其说是自愿，不如说是自保，不具有明确表示反对的期待可能性。

因此，即使当庭表示接受，或者不反对新的量刑建议，也不宜提出抗诉。

因为首先破坏认罪认罚稳定性的还是司法机关自身，如果再通过抗诉来追求更重的刑罚，那就相当于变本加厉的司法恣意，会进一步损害司法机关的公信力。

事实上，妥当性、准确性固然是司法机关要追求的，但是稳定性、可靠性更是司法机关需要坚决捍卫的。

这和做人一样，定下来的事即使有时候吃亏了，也要讲诚信，这样才会有信用，人的信用就是这样一点一滴积累下来的。

司法机关的信用也是一样的。

抗诉到底抗什么？

对于认罪认罚之后无正当理由上诉的案件，到底要不要抗诉？如果抗诉，抗的是什么？对此，确实有一些不同看法。

对这个问题，最近《南方周末》上一篇《"认罪认罚从宽"再探讨》的文章中引用一位学者的观点，比较有代表性："抗诉的前提是什么？是判决确有错误，但现在判决是按照你的量刑建议判的，何错之有？实际上，你是因为被告人上诉，你生气，才抗诉。"

1.

这里边包裹了一种情绪。

那就是他一口咬定检察机关针对无正当理由上诉进行的抗诉，只是一种情绪宣泄，是因为"生气"而进行的抗诉。

这是一种诛心之论，是一种想当然的推断，而不是一种逻辑性的推断。

如果说检察机关因为"生气"而抗诉，二审法院也采纳这种抗诉的意见，那就相当于与检察机关一起"发火"。

如果说检察机关因为上诉而生气，那一审法院岂不是更生气？因为上诉的对象可是它的判决。我们都知道，上诉对于法官并不是一个正向指标。同样，因为上诉就要给二审法院增加案件负担，那二审法院不也应该"生气"吗？

如果检察机关不抗诉的话，对检察机关几乎不会造成太多的负担，因为此类案件二审一般也不会开庭审理，二审检察机关也就无须派员出庭。

如果这个气也生，那司法工作也就不用干了，因为一天到晚都是生气的事。

因为上诉就生气，那要不要因为撤回起诉、判无罪生气？改变定性、减少事实要不要生气？庭审不顺利要不要生气？法官不采纳量刑建议要不要生气？法官要求调整量刑建议，需要再去做被告人的工作要不要生气？当事人上访要不要生气？案件被复查评查要不要生气？还有自己批捕之后，自己又做不起诉的，相当于自己打脸，要不要生气？

司法工作总是会遭遇不确定性，总是会存在意见分歧，总会有种种的不如意，如果连上诉都要生气那就不要干了，而且格局也太小了吧。

2.

事实上，这个关于"生气"的论点，有一个前提才是最需要讨论的，那就是"判决是按照你的量刑建议判的，何错之有？"

不错，判决确实按照量刑建议判的，但因为被告人上诉了，就恰恰证明判决判错了。

因为这个量刑是基于认罪认罚给的一个从宽的量刑建议，相当于一个"量刑优惠"。这个优惠的前提是认罪又认罚，现在被告人上诉了，就说明当初就没有真诚地认罚，只是装作认罚。法官和检察官都受到了蒙蔽，相当于被告人骗取了一个从宽优惠，现在通过上诉暴露了。这就说明当初以从宽的方式给予的量刑不合适了，不符合罪责刑相适应原则了。所以判决错了，所以才要抗诉。

只不过这个判决错误，并不是法官的过错，而是法官受到欺骗而产生的错误认识。所以可以说：法官何错之有？但是判决确实有错。

也就是法官无过错，但判决有错误。

想要纠正错误的判决，不再给予从宽的处罚，就必然要比现在从宽之后的量刑幅度要高，也就必然涉及上诉不加刑的问题。只有通过检察机关的抗诉才能合法地解决，以体现罪责刑相适应。

这不是"生气"，这是救济。

这里最重要的一个概念就是"判决有错误，法官无过错"。这与习惯上的认识有一定的差别。

传统上我们都习惯了将判决的错误与法官的错误混为一谈，认为如果判决有错误，那就是一定是法官弄错了，或者说既然法官没有任何的过错，那就意味着判决一定也没有问题。

但是现在介入了被告人的因素。能否从宽，取决于认罪认罚的态度，如果一审当庭翻供，不再认罪认罚，现在公诉人的量刑建议就会调整，法官也不可能按照从宽这个幅度来判。这是没有任何问题的。

但是如果当庭不说，等到判决之后，再改变认罪认罚的态度，就会导致现在即使不想给他从宽，也已经来不及了。也就是一审法官被打了个措手不及。

已经宣布的一审判决不能直接改了，那就只好通过抗诉的方式经过二审的程序解决，这是一个自然而然的救济过程。

当然，如果被告人真有冤屈，在二审法庭上也可以有机会说明，也不可能就因为检察机关提抗了，二审判决就一定按照检察机关的意见判了。一般来说，实践中抗诉意见被采纳的概率也很难超过了 50%。检察机关的抗诉根本不可能产生对上诉的压制作用，只是对罪责刑不匹配的矫正。

3.

之所以在认罪认罚案件中会出现判决错误与法官过错分离的情况，是因为被告人态度的变化。也就是投机性认罚：拿到一个从宽幅度之后，还不满足，还想通过上诉的方式拿到更多。

如果这个想法早点说出来，检察机关和审判机关都不会同意从宽的量刑建议，那就意味着眼下的从宽幅度也拿不到了。

为了拿到更多的优惠，那就不惜出尔反尔，先答应一个幅度，等到判决宣布了之后，通过上诉可以再争取一次从宽。这是步步为营的如意算盘。

之所以会有这样的情况发生，主要就是因为认罪认罚上诉之后，几乎没有任何的不利后果。本不应该获得的从宽幅度已经骗到手了，而且由于上诉不加刑原则的保护，以及其他诸如"拖延下监时间""可以留所服刑"等利益的诱惑，使得其违背诚信的上诉行为对他只有好处没有坏处——如果检察机关不抗诉的话。

4.

还有一个问题，如果被告人撤回上诉，检察机关要不要撤回抗诉？

这是一个与抗诉目的相关的问题。

很多主张撤回抗诉的观点就认为，我们抗的是上诉，既然撤回上诉，那抗诉的目标就没有了，那我们就不要再抗诉了。

这也是前述学者所批评的观点，所以学者的批评也不是完全没有根据，很多检察官真就是这么想的。

就像我一直坚持的观点，我们抗诉抗的对象当然是、也只能是错误的判决，而不是上诉。只是因为通过上诉的行为才暴露了被告人不认罚的态度，才表明判决给予其从宽的幅度是受到欺骗了，所以判决才搞错了。抗的是这个"因为受到欺骗而把量刑搞错了的判决"，现在要将从宽幅度取消掉，判处其在不从宽的情况下应当判处的刑罚，只有抗诉一条路。

这个不从宽，不会因为撤回上诉而撤销，因为已经撕毁的具结书不会自动恢复，已经暴露的不真诚的态度不会通过撤回上诉而变得真诚，这种投机的行为与这个从宽的量刑幅度已经不再匹配了。

正因此，不论撤回不撤回上诉，都不应影响检察机关把量刑"优惠"要回来的决心，这是司法的尊严，不容践踏。

而且抗诉不是上诉，也不容许任性而为，改来改去。抗诉有着巨大的司法成本，即使撤回抗诉，这个成本也已经付出了，最好的处理方式就让它坚持下去，尽量有一个结果。

否则，一撤回上诉，就撤回抗诉，想把两者对冲掉，但不要忘了上诉的数量可要比抗诉多一个量级，实践中是对冲不过来的。对冲之后，反而还要启动更多的抗诉来解决问题，那还不如将已经抗诉的案件进行到底，传递出明确的信号。让它抗一个是一个，这样才可以发挥抗诉的最大功能。

撤回上诉了，要不要撤回抗诉？

认罪认罚之后又上诉的，抗诉的原因主要就是被告人反悔表明其不再认罚，需要恢复不从宽的量刑状态。

但是抗诉之后，被告人又撤回上诉了，很多人就犹豫了，是不是也要跟着撤回抗诉？

主要理由就是撤回上诉至少表明被告人对之前的反悔后悔了，也就是没有那么反悔了，这个不再从宽的抗诉态度是否还要坚持？是不是应该见好就收？撤回上诉是否就意味着抗诉的部分目的已经达到了，被告人已经认识到认罪认罚的严肃性了？

更重要的原因，其实是抗诉成功的可能进一步降低了。本来认罪认罚抗诉的采抗率就不高，被告人撤回上诉后，增加了同情分，采抗率就更低了。而采抗率几乎是衡量抗诉质量的唯一标准，如果不撤回来又很难被采纳，那就损害了所谓的抗诉质量。搞得抗诉指标很难看，会被批评抗诉不够精准。

是的，即使抗诉是有道理的，但是只要不被采纳就是不精准，所以光有道理是没用的。最重要的是法院讲道理，并且愿意配合，这就需要高超的检法沟通能力，这就超越了法治思维的讨论范围。这不是承办人层面所能够解决的。

你可以说审判监督的评价标准就是唯结果论，机械保守，但只要这个标准一天不改变，我们就会按照这个思维进行思考。

因为这个标准不仅影响到检察官个人，它会影响到一个单位整体的检察业绩，领导层不可能不在乎。

那是不是只有对那些能够被改判的案件，才提抗、才支抗，就可以变为"打哪指哪"，采抗率极高？那样的话，就很可能一件案件都抗不出去，因为没有人愿意接受监督，没有一件案件想让你抗诉。这样也就失去了监督的独立性。

抗诉的时候唯一需要考虑的就是案件本身是否应该抗诉，撤抗的时候唯一需要考虑的就是抗诉理由是否正确，案件本身是否需要继续支抗。明明知道抗诉有道理而不去抗诉，而是撤回抗诉，这是一种不合法的妥协，这也是法在向不法低头。

因此，即使被告人撤回上诉，我们在考虑是否撤抗的问题时，考虑的仍然也是案件本身，而不仅仅是法院的配合态度。

也就是说，不是一概而论地都是死扛到底，而是要看看抗诉本身的合理性和充分性。

虽然认罪认罚上诉是一种反悔，但也要看这种反悔没有适当的理由。

比如量刑建议是否精准？虽然在幅度刑中线以下量刑，但是不是还有不精准的问题？还是与确定刑量刑建议的确定性有所区别？是不是刑罚的执行方式没有说清楚，引起了误解？比如被告人处于取保状态，检察机关提出两年的量刑建议，没有说清楚是缓刑还是实刑，法院采纳量刑建议就直接下判实刑了。再比如，量刑建议在庭审上进行了调整，虽然被告人也认可，但是毕竟有所变化，相当于检察机关先出尔反尔了。

对于这些事出有因的上诉，如果被告人因为检察机关抗诉，又撤回上诉的，我们就没必要过于坚持，因为这里有外在的原因，甚至是司法机关自身的原因。

对于一般认为非常值得同情的留所服刑问题，我却有一些不同意见。对于以留所服刑为目的的上诉，看到检察机关抗诉，又撤回上诉的，看似被告人已经撤销了悔意，其实不尽然。

因为留所服刑的主要目的，并不是奢望一定要改判，而是通过上诉的方式来延宕诉讼期限，从而为下监执行拖延时间。这是一种拖延战术。因为只要上诉就启动了二审，即使后来撤回上诉，并且检察机关也撤回抗诉，二审法院依然要审查一审判决是否有错误，审查没有错误的才会裁定准许撤回上诉和抗诉。这些都需要时间，而这个审查的时间正是被告人所需要的。

是否能够争取减轻刑罚并不是他在意的，他在意的只是耽误一下时间，现在这个目的已经实现了。检察机关撤回抗诉，就更是让不再从宽的风险也没有了，完全可以获得上诉不加刑的庇护，安稳地实现留所服刑。

对此，是否要撤回抗诉就要好好掂量一下。如果你这次撤回抗诉，那所有留所服刑的人就都知道了：我们先上诉，检察机关抗诉也不要怕，只要我们撤回上诉，他们也自然会撤回抗诉，那留所服刑就稳稳的了。通过上诉实现留所服刑这条路这么稳，只有好处没有坏处，那就是不上诉白不上诉了。这样的话，认罪认罚之后再上诉，就成了自主选择刑罚执行方式的便捷通道，由于检察机关的撤回抗诉，就让这条道路完全没有风险。这不是在鼓励上诉，而是在鼓励公然违反下监服刑的法律规定？

那在撤回抗诉的时候可要想好了，这样的潜在后果我们是否能够承受。

我们的抗诉只是几十件的规模，但被告人的上诉可是上千件的规模，如果他们都摸清了规律，都来个上诉之后再撤回上诉，我们能否都抗了又抗，撤了又撤？整个司法系统能否奉陪得起？

这就像维持排队秩序，本来一个人就能够维持，就是因为有人插队没人管，现在整个队伍都乱了，十个人也维持不过来了。

让违法状态泛滥将要付出极大的治理成本，所以要防微杜渐。

在这种情况下，即使支持抗诉未必能够改判，但是为了维护认罪认罚的基本秩序，为了防微杜渐，也尽量不要撤抗。要让投机取巧者承担必要的诉讼风险。

那些真正的反悔者，就是上诉之后，看到检察机关提出抗诉，害怕已经从宽的量刑幅度也保不住了，可能会获得更重的刑罚，所以才撤回上诉的。

这种看起来是对后悔的后悔，其实更多的是对不再从宽的恐惧。如果没有检察机关撤回抗诉的话，被告人一般也不会撤回上诉，因为那个时候只有好处没有坏处。

现在有了抗诉，可以突破上诉不加刑原则处刑，原来的如意算盘未必能够实现，而且还可能要付出成本，所以就感到了担心。

这时的撤回上诉，只是一种趋利避害的本能。

对这种情况我们没有必要滥施同情，对于投机主义者更没有必要抱有同情，我们只是要找回法律应有的严肃性，顶多算是追究"违约责任"。

但并不是所有人都这么想，至少有些法官就不这想，他们就认为没有改判的必要。而这种观点并非出于逻辑，只是出于固执。

因为从逻辑上讲，只要上诉就相当于撕毁了具结书，就是不再认罚，就不能再获得从宽的待遇，一审法官虽然主观上没有过错，但实际上受到了被告人的欺

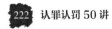

骗，以为他认罚，而给予其从宽，这个从宽是骗来的，现在来看是违背了罪责刑相适应原则的，应该恢复到不再从宽的状态。虽然其撤回上诉了，但是刑罚无法自动恢复到从前的状态。因此在检察机关抗诉的情况下，二审法院理所应当地给予其不再从宽的处罚。

之所以很多时候没有不再从宽，还是维持原判，让抗诉目标落空，并不是基于法律逻辑，就是基于让抗诉目标落空而落空，对认罪认罚秉持一种尽量不支持的态度。

理由当然就是：被告人都撤回上诉了……

这和改不改判有什么关系？

由于这样的案例多了，我们就看不到改判的希望，所以也会拿这个作为撤回抗诉的理由，但是这与撤抗真的有什么必然联系吗？

如果硬说有联系的话，那就是应该改判而改判不了的司法现实，不去努力改善抗诉环境，只有内部强硬的抗诉考核指标，以及争而不得索性放弃的绥靖主义。

无非是撤抗了，不改判也就和我也没关系了……

从数据上可能是没有关系了，但是败坏了的司法环境与每个人都脱不开关系。

不要问丧钟为谁而鸣，它就为你而鸣。

后　记

这本书是我的第八部作品，却是第一部具有实务类味道的教材。本书来源于我的职业经历，我全程参与了认罪认罚这项工作，贯穿于从试点改革到全面推开的全过程，其间的变化、推演过程，历历在目，因此有一些直接的体会。认罪认罚虽然为近年来众多司法改革的一种，但由于其广泛的适用，正在以润物细无声的方式，引发着刑事诉讼法的战略性转型，必将深刻影响刑事诉讼法制度的未来。与其说认罪认罚是"辩诉交易"的中国化改造，不如说认罪认罚是中国化的现代刑事诉讼制度，是本土化的程序正义设计，是解决公正与效率难题的中国方案。

本书希望立足于当下认罪认罚的司法实践，结合自己多年来直接从事认罪认罚制度适用的管理和推进工作，以内部视角，剖析当下认罪认罚的真实现状，解决认罪认罚的真实问题，立足于真实的司法逻辑和司法现实，提出中肯的解决方案和思路。本书坚持渐进化的认罪认罚演进策略，坚持系统化的认知视角，主张人性化的司法理念，通过具体而微的讨论辨析，厘清当下剧烈变革的刑事诉讼体系，将理论与实务以内部视角做最紧密之结合，集结成册，以期有利于实践运用，并为深入研究提供一些基础性参考。

本书不敢称之为教材，但与我之前的几部作品相比确实主题更加突出，系统性也更强一些，似乎具备了一些工具价值，这也是我的另一种努力，就是在信马由缰之外，也力图创造一些实用价值，并希望每年贡献一部类似的作品，比如"刑事检察 50 讲""刑事政策 50 讲"等，力度形成一些理论与实务的交叉性研究成果，弥补纯粹理论性教材实务性之不足，纯实务类教材理论性之不足。我试图以多年司法实践的内部视角，持续耕耘的法律知识储备，创造一些能够让理论与实务紧密结合，研究真问题、解决真问题的作品。但是能否做到，还有赖于读者诸君的检验。

本书的创作得到了家人和朋友的默默支持，"刘哲说法"的读者总是第一时间给我反馈，他们对我的帮助是长期的。

　　我还要感谢清华大学出版社刘晶编辑以及其他工作人员的持续付出，他们对书籍品质精益求精的追求让我有机会发挥一些自己的实用价值！

2021 年 6 月 14 日于西直门